VTOPO

ÎLE DE FRANCE NORD & EST

Accès direct aux traces GPS de ce VTOPO en **scannant ce tag**

Accès direct à la librairie VTOPO en **scannant ce tag**

CEDRIC HIRSCHY

www.vtopo.fr

REMERCIEMENTS :
Merci à Cédric Tassan de m'avoir branché sur cette aventure. A Fred Pradon pour ses conseils et son aide précieuse. A tous les vététistes : sans eux, il n'y aurait pas de pérégrinations possibles. Que tous ceux qui ont participé de près ou de loin à la rédaction de cet ouvrage en soient remerciés. Un merci tout particulier à la rédaction de VéloToutTerrain qui apporte sans cesse son soutien à VTOPO.

KENNY   Vélo Tout Terrain

Découvrez toute la collection VTOPO sur le site internet officiel :
http://www.vtopo.fr

Dépôt légal : juillet 2013
ISBN 978-291-697-2-51-0
Achevé d'imprimer en juin 2013
Collection dirigée et créée par Cédric TASSAN

IMPRIM'VERT

PEFC
10-31-1895

Crédits Photos : Toutes les photos sont de l'auteur sauf

-Nicolas Le Carré / Vélo Tout Terrain, le magazine 100%VTT et Benjamin Lacoste / Vélo Tout Terrain, le magazine 100%VTT : couverture, p1,3,5,22,24,35,52,61,51,72,92,102,112,144

- Frédéric Pradon : p26, 58, 65, 83, 84, 89, 96, 106, 109, 129, 130, 133, 134, 140, 148

- Cédric Tassan : p17

DES CIRCUITS POUR TOUS

Après les VTOPO Ile-de-France Sud et Ile-de-France Ouest, il était légitime de poursuivre notre boucle avec la publication du volume Ile-de-France Nord&Est. Entre les plaines céréalières, vous découvrirez de formidables forêts, offrant aux vttistes des possibilités exceptionnelles. Le nord et son parc du Vexin vous emmèneront aux limites de la Picardie qui vous offrira sa superbe forêt de Chantilly. À l'est, vous flirterez avec la Marne et ses vallées, riches de l'histoire des poilus.

Comme à l'accoutumée, les circuits proposés ont été testés, vérifiés et approuvés. A chaque fois que cela a été possible, on évitera les larges chemins pour profiter d'innombrables singles. Il y en a pour tous les plaisirs et tous les niveaux ! Les parcours ont été établis pour éviter de perdre le cycliste : n'oubliez pas de regarder à droite et à gauche, vous trouverez des solutions alternatives cachées...

Quelle que soit votre motivation, n'oubliez pas que le VTT est une activité exigeante, qui demande un minimum de préparation. Respectez la nature et les endroits traversés. Un grand nombre de forêts et de bois sont privés. Ne les traversez pas inutilement. Enfin, cavaliers et randonneurs partagent votre passion du grand air. Partagez l'espace et soyez courtois.

Bonnes randonnées !

Cédric Hirschy

circuits

www.vtopo.fr

N°	Nom du circuit	Km	D+/D-	Durée	VTOPO	Accès	Page
1	La Chaussée Jules César	15	10	1h30	V1	A1	26
2	Le Bois de la Tour du Lay	28	220	2h30	V2	A2	28
3	Les plaines du Vexin	32	230	2h15	V2	A3	30
4	Plaine ou Bois?	35	190	2h30	V2+	A4	32
5	De Lutèce à Rome	33	230	2h30	V2+	A5	36
6	Les deux Ruisseaux	33	220	2h30	V3-	A6	38
7	Autour de l'Oise	22	150	2h30	V3	A7	40
8	Le Sausseron	34	340	3h	V3	A8	42
9	Autour de la vallée de Cléry	31	300	2h30	V3	A9	44
10	Sur les pas des fées	32	380	3h	V3	A10	46
11	À l'ouest de Cergy	34	460	3h	V3	A11	48
12	Magny En Vexin	47	360	3h30	V3+	A12	52
13	Grisy Les Plâtres	35	340	3h	V3+	A13	56
14	Parmain	31	300	2h30	V3+	A14	58
15	Là-haut sur la colline	28	340	2h30	V3+	A15	62
16	Aux portes de l'Oise	32	330	3h	v3+	A16	66
17	Les portes du Vexin	49	620	3h50	V4	A11	68
18	L'abbaye de Royaumont	36	340	3h	V3	B1	74
19	La forêt de Montgé	25	180	2h	V3	B2	78
20	En forêt de Chantilly	22	190	2h30	v3	B3	80
21	En forêt de Coye	23	300	2h15	V3+	B4	82
22	La forêt de Montmorency	32	410	3h	V3+	B5	84
23	Une vrai Presles	16	180	1h30	V3+	B6	88
24	Le domaine de Carnelle	22	440	3h	V4	B6	90
25	La forêt domaniale d'Erme-nonville	44	600	3h30	V4	B7	92
26	Le pays de l'Ourcq	23	150	1h40	V2+	C1	98
27	De Trilport à Montceaux	26	180	2h	V3	C2	100
28	La vallée du petit Morin	38	580	3h	V3	C3	102
29	Le circuit des noyers	21	270	2h	V3	C4	106
30	Le grand Morin	43	440	3h40	V3+	C5	108
31	Du nord...	23	50	1h40	V2	D1	114
32	...Au sud	18	80	1h20	V2	D1	116
33	Les parcs de Noisiel	16	30	1h15	V2	D2	118
34	Armainvilliers et Ferrière	50	270	3h00	V3	D3	120
35	Les pistes de Roissy	20	160	2h	V3	D4	124
36	Il court, il court l'aqueduc...	30	210	2h30	V3+	D5	126
37	La boucle de la Marne	32	300	3h	V4	D6	128
38	Au coeur de Rougeau	18	40	1h30	V2-	E1	132
39	Boissy Saint Léger	21	10	1h30	V2	E2	134

ROCKY MOUNTAIN

Le magazine 100% VTT
Vélo Tout Terrain
LE 10 DE CHAQUE MOIS EN KIOSQUE

PONTOISE
PARIS
MEAUX
CHÂTE
THIERI
MELUN
NANGIS
PROVINS
ÎLE-DE-FRANCE OUEST
45 Circuits VTT
IGN
Vtopo
ÎLE-DE-FRANCE SUD
50 Circuits VTT
IGN
Vtopo
1
2
3
4
5
6
7
8
9
10
11
12
13
14
15
16
17
18
19
20
21
22
23
24
25
26
27
28
29
30
31
32
33
34
35
36
37
38
39
40
41
42
43
44
45
46
47

ACCÈS

VEXIN

A1 - SANTEUIL : Accès à la commune par la N14 puis la D51. Point de départ sur le parking en face de la gare ligne J du Transilien (réseau Paris-Saint-Lazare).

A2 - CHAMPAGNE-SUR-OISE : Accès par l'A16 puis la D4. Départ de la place du Général de Gaulle, à proximité de l'église.

A3 - HÉROUVILLE : Départ de Hérouville depuis le parking à côté de l'arrêt de bus à l'entrée de la commune rue Georges Duhamel. Accès par D915 puis la D27 depuis Pontoise ou par la D928 depuis Auvers-sur-Oise.

A4 - MAGNY EN VEXIN : Accès par la D86. Départ rue Fernand Maignel. Au niveau du rond-point en venant de Magny, à gauche se trouve un petit parking à proximité de l'école.

A5 - BOISSY-L'AILLERIE : Départ du parking de la gare ligne J du Transilien (réseau Paris-Saint-Lazare), avenue de la Gare. Arriver depuis Cergy-Pontoise par l'A1.

A6 - CHARS : Venir à Chars par la D915. Départ depuis le parking de la gare ligne J du Transilien (réseau Paris-Saint-Lazare), impasse de la gare, au bout de la rue du Général Leclerc.

A7 - CERGY-NEUVILLE, BASE DE PLAIN AIR : Départ depuis les parkings de la base de plein air de Cergy-Neuville. Attention, ceux-ci sont payants. Accès par l'A15, suivre les indications routières qui mènent à la base de loisir.

A8 - AUVERS-SUR-OISE : Venir par l'A185, prendre la sortie Méry-sur-Oise. Après avoir traversé l'Oise, prendre la troisième à gauche rue du Général de Gaulle puis juste après la gare à gauche. Les parking se trouvent de part et d'autre. Départ gare ligne H du Transilien (réseau Paris-Nord) dans le dos.

A9 - AUVERS-SUR-OISE : Depuis Pontoise suivre l'A15 puis rejoindre la D4. Depuis Auvers-sur-Oise, rue du Général de gaulle et poursuivre sur la D4. Départ depuis le parking de la gare ligne H du Transilien (réseau Paris-Nord), arrêt Chaponval, rue de Chaponval à Auvers-sur-Oise.

A10 - GARGENVILLE : Départ du parking de la gare ligne J du Transilien (réseau Paris-Saint-Lazare) de Gargenville. Accès par l'A13, sortie 10.

A11 - CERGY : Départ depuis le parking du complexe sportif de Gency, rue du Pampre d'Or. Accès via l'A15.

A12 - MAGNY EN VEXIN : Accès par la D14. Départ rue Saint-Sauveur (en sens unique) sur le parking 200 mètres après l'église.

A13 - GRISY-LES-PLÂTRES : Accès par la D915 puis la D22. Partir de la place du Soleil Levant. Au fond de la rue, se trouve un parking.

A14 - PARMAIN : Depuis Cergy, suivre la N184 puis la D64. Depuis l'est de Paris prendre la N104 et la D4. Départ depuis le parking de la gare ligne H du Transilien (réseau Paris-Nord).

A15 - TAVERNY : Départ de la gare ligne H du Transilien (réseau Paris-Nord) de Taverny. Accès par l'A115.

A16 – CHAMBLY : venir depuis l'A16, sortie Chambly, suivre la D301puis à droite vers la zone industrielle. Parking rue Henri Becquerel.

OISE

B1 - VIARMES : Départ de la gare de Viarmes, ligne H du Transilien (réseau Paris-Nord), place de la Gare. Accéder en voiture par la N104 puis la D909.

B2 - SAINT-MARD : Par la route, y accéder en suivant la N2, sortie Saint-Mard. Départ du parking de la gare, ligne K du Transilien (réseau Paris-Nord), rue Pasteur. Gare dans le dos pour débuter le parcours.

B3 – AUMONT-EN-HALATTE : Depuis Senlis et Chantilly, suivre la D330 puis la D1330. Depuis Creil emprunter la D201 et la D1330.

B4 - BELLEFONTAINE : Accès par la D922. Partir du parking de l'église, rue du Tourneveau.

B5 - MÉRIEL : Départ depuis la gare de Mériel, ligne H du Transilien (réseau Paris-Nord). Venir par la N184 de l'ouest de Paris ou la N104 de l'est de Paris.

B6 - PRESLES : Départ depuis le parking de la gare de Presles, ligne H du Transilien (réseau Paris-Nord). Par la route, venir via la N1.

B7 - SAINT-WITZ : Accès par l'A1, sortie N°7. Départ de la rue de la Fosse aux Boucs, à proximité du terrain de foot.

LES VALLÉES DE L'OURCQ ET DU GRAND MORIN

C1 - ISLES LES MELDEUSES : Accès par l'A4, sortie N°18 puis la D603 et enfin la D17E. Se mettre sur le parking de la gare, ligne P du Transilien (réseau Paris-Est).

C2 - TRILPORT : Accès par l'A4 sortie N°18 puis la D603. Départ gare de Trilport, ligne P du Transilien (réseau Paris-Est), avenue de la Gare.

C3 - VILLENEUVE-SUR-BELLOT : Depuis Coulommiers, suivre la D222 puis la D6. Départ depuis le parking, place de l'Église.

C4 - VOULANGIS : Accès par l'A4, sortie N°16, puis après Crécy-la-Chapelle à droite sur la D235. Se garer rue de l'Église, sur le parking juste à côté de celle-ci.

C5 - MORTCERF : Accès par l'A4, sortie N°13 puis la D231. Prendre rue des Vallées à gauche en arrivant dans la commune, puis avenue de la Gare. Départ de la gare, ligne P du Transilien (réseau Paris-Est).

LA PLAINE DE FRANCE

D1 - CLAYE : Accès par la N3. Départ depuis la place Charles de Gaulle. Le parking se trouve à côté du commissariat de police.

D2 - NOISIEL : Départ de la gare RER A. En voiture, parking de la gare Boulevard Salvator Allende. Accès par l'A4 puis la N999.

D3 - OZOIR-LA-FERRIÈRE : Départ du parking de la gare RER, ligne E. Par la route, accès via la N104, sortie 17, puis la N4.

D4- GOUSSAINVILLE : Départ du parking de la gare RER, ligne D, place du 8 Mai 1945.

D5 - VILLEVAUDÉ : Accès par l'A104, sortie N°8. Prendre la première sortie. Continuer tout droit jusqu'au rond-point. Prendre la première sortie. Au rond-point suivant, se garer sur le parking à droite, rue Charles de Gaulle.

D6 - MONTFERMEIL : Départ du parking N°4 de la forêt de Bondy, Boulevard Hardy à Montfermeil.

LA BRIE

E1 - NANDY : Départ du parking de la forêt de Rougeau sur la D50. La gare RER D de Savigny-le-Temple se trouve à 2 km.

E2 - BOISSY-SAINT-LÉGER : Accès par la N104, sortie N°21. Prendre la direction de Créteil. Prendre à droite boulevard Révillon, rue de Sucy à droite. Au rond-point la deuxième sortie, rue de Marolles. Se garer au bout de la rue, sur le parking.

E3 - YERRES : Départ du parking du stade Léo Lagrange, Avenue Jean Rostand. Accès par la N6. À Villeneuve-Saint-Georges, suivre la D32 puis en atteignant Yerres, la rue de la Grange et la D31

E4 - BLANDY : Accès par l'A5, sortie 16. Départ de la place des Tours, sur le parking à côté de l'église.

E5 – LA CHAPELLE-GAUTHIER : Accès par l'A5, sortie 16. Au rond-point, prendre la première sortie. En arrivant à la Chapelle-Gauthier, au feu, se garer à gauche derrière l'église, place Charles de Gaulle.

E6 - MORMANT : Départ de la gare ligne P du Transilien (réseau Paris-Est), avenue de la Gare. Accès par l'A5, sortie 15 sur la N36. À Guignes, suivre la D619.

E7 - SANTENY : Accès par la N104, sortie N°21. Prendre la direction de Créteil. Départ du parking du stade de l'Amitié, voie des Vaches.

E8 - VERNEUIL-L'ÉTANG : Départ de la gare ligne P du Transilien (réseau Paris-Est) à Verneuil-l'Étang. Accès par l'A5, sortie 15 sur la N36 puis à Guignes suivre la D402.

E9 - OZOUER-LE-VOULGIS : Accès par la D319. Départ de la rue de la République sur le parking de l'église.

Cartouche contenant la distance, le dénivelé, l'horaire ainsi que la difficulté technique

Numéro et nom du circuit

Présentation du circuit

Rappel de la difficulté technique

Description détaillée du circuit présenté. Les accès au départ du parcours sont rassemblés en page 8

Secteur / Massif

29. LE CIRCUIT DES NOYERS

V3 | Distance **21 KM** | D+/D- **270 M**
Durée **2H00** | Difficulté **V1**

Quelle jolie sortie autour de la vallée du Grand Morin. De larges chemins, parfois techniques dans certaines descentes, de la forêt et du pré. Mais attention, si le temps est à l'humidité, le parcours peut vite devenir difficile et les chemins glissants.

Itinéraire

(106 m) Départ du parking à côté de l'église de Voulangis. À la sortie du parking, prendre à gauche et passer devant l'église. Au stop, aller à gauche en montée, puis avant le passage piéton, emprunter le chemin herbeux derrière la barrière en bois à gauche. Laisser le chemin venant de la droite et au bout, remonter la rue à droite. Au croisement tourner à gauche, puis la première à droite ruelle des Favris.

(1 : 129 m – 0,9 km) La ruelle devient chemin herbeux. Au bout prendre à gauche, puis à droite pour entrer dans le bois. Au croisement vers le verger, aller à gauche en descente. Ne pas s'occuper du chemin arrivant de la gauche. Le chemin tourne à droite et passe sous la ligne à haute tension et sillonne jusqu'à la sortie du bois. En aboutissant sur le chemin caillouteux, le suivre en descente à gauche, puis à nouveau à gauche sur le GR (balisage jaune). Remonter dans le bois. Prendre le deuxième chemin à droite. Le début de la descente est caillouteuse et raide. En atteignant la route, continuer vers la gauche. Franchir le pont à droite et laisser les deux rues de gauche. Lorsque la route tourne à gauche la suivre puis, prendre en montée à droite rue de la Fontaine. La rue devient chemin herbeux et longe le ru de Biche. En haut, à droite, puis à nouveau à droite sur le chemin agricole qui s'éloigne du ru.

(2 : 115 m – 6,1 km) À la route à droite puis tout de suite à gauche. Au bout à nouveau à gauche puis tout de suite à droite pour suivre le GR (balisage jaune). La descente est quelque peu technique en son début. À la fourche, aller à gauche sur le chemin principal, puis droite à la suivante. Laisser le chemin venant de gauche. Au bout, tourner à droite puis à gauche. En bas, au croisement suivre le GR à droite et pas-

OURCQ ET GRAND MORIN

104

Points intermédiaires de la carte que l'on retrouve dans le texte sous la forme (2 : 115 m - 6,1 km) par exemple.
2 : indique le numéro du point intermédiaire
115 m : précise l'altitude à laquelle se trouve ce point
6,1 km : donne la distance du point par rapport au point de départ

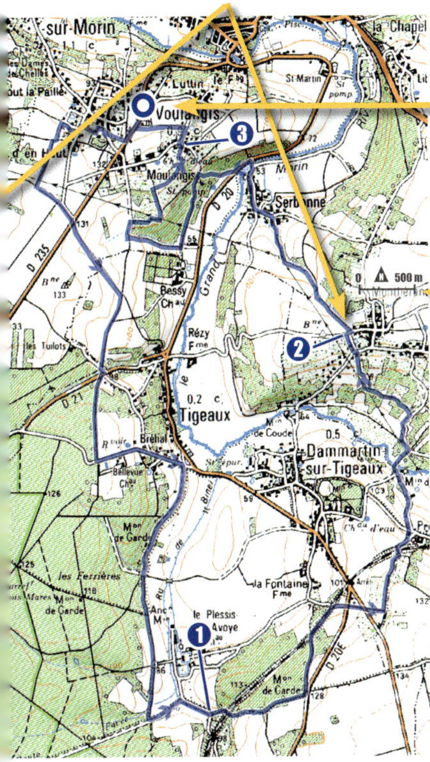

Point de départ de la randonnée matérialisé par un rond

Échelle de la carte et orientation

ser sur le pont au-dessus du Grand Morin. Laisser le chemin de droite et monter en face. Traverser la route, puis franchir le pont à gauche au-dessus de la voie ferrée. De l'autre côté, tourner à droite. Prendre à gauche à la fourche. Laisser les deux sentes venant de la gauche. En face à l'intersection, sortir du bois et le longer. Prendre la deuxième à droite en descente sur le chemin caillouteux. Le chemin devient terreux et chaotique. Il est possible de rouler au bord du champ pour le longer. Traverser la route et au carrefour suivant, en face. Avant le pont remonter le chemin à gauche pour entrer dans le bois. Laisser la sente à droite. En sortie du bois, suivre la route à droite sur une vingtaine de mètres avant de prendre le chemin à droite qui descend. Poursuivre en face et passer sous le pont.

(3 : 75 m – 11,9 km) En atteignant la route, aller à droite puis à gauche sur le chemin agricole, en montée. Le bois devant étant privé, il n'est pas possible d'y rouler. En haut, à droite pour descendre, entrer dans le bois et monter. Franchir les deux croisements. Le chemin devient rue. Monter à gauche puis en haut après le panneau d'agglomération de Tigeaux, emprunter la passerelle en bois et la sente à droite qui longe le bois. Y entrer et descendre. À la route faire un droite-gauche pour poursuivre sur les chemins. Aller à droite et sortir du bois. Au croisement, prendre à gauche en montée. Traverser la route et poursuivre en face. Lorsque celle-ci tourne à droite, continuer en face. Laisser le chemin de gauche puis à droite à l'intersection. Au bout tourner à droite puis tout de suite à gauche. Virer à droite, sente de la Mare Potier et continuer tout droit jusqu'à la rue du Bout d'en Haut. Aller à gauche, puis à droite, ruelle de la Rondet. Au bout à droite puis à gauche sente des Rousseaux. En atteignant la D235, descendre à gauche. Prendre à droite rue de l'Église pour un retour au point de départ.

105

L'ILE-DE-FRANCE - NORD ET EST

Si l'Ile-de-France fait partie des régions les plus peuplées (20% des habitants de la métropole), ce n'est pas pour autant que les bois et champs sont absents. En effet, la majorité de la population se concentre autour de la capitale. 48% de la surface de la région est gérée par les exploitants agricoles et 75% du territoire est dévolu aux espaces naturels (comprenant les forêts et les espaces agricoles). Il y a donc une large place pour les activités de plein air ! Les cours d'eau sont également nombreux, avec un réseau de 4400 km de ruisseaux et de rivières.

De ce fait, on peut trouver de superbes terrains de jeux pour les amoureux de la nature. Très variés, ils feront le bonheur des vététistes. Au nord, le Val d'Oise accueille deux Parcs Naturels Régionaux, celui du Vexin et celui de l'Oise, Pays de France. À l'est, la Seine-et-Marne est le plus vaste des départements. Deux secteurs se distinguent : la région de Meaux, plus vallonnée, et celle entre Melun et Provins, moins marquée.

Vous rencontrerez, lors de vos sorties, différents terrains. Dans le nord, le sol est plus calcaire. Les chemins sont plus caillouteux et certains passages vous feront penser aux chemins de montagne. L'est de l'Ile-de-France, autour de la Marne, sera plus argileux. Le sol y sera plus humide et plus gras. Dans le sud-est vous retrouverez des paysages calcaires, au travers des grandes plaines céréalières.

LE DÉCOUPAGE

Voici le découpage zone par zone choisi dans ce VTOPO :

LE VEXIN, vaste plateau, offre des paysages variés : coteaux et vallées, marais et bois. Trois cours d'eaux principaux le sillonnent : la Seine, l'Oise et l'Epte. Ceux-ci ont permis de façonner le paysage du nord parisien. Le gyspe et le calcaire constituent la majeure partie du sous-sol. Les forêts domaniales et les espaces agricoles sont les paysages traversés par les circuits.

L'OISE est le deuxième parc qui constitue le nord de l'Ile-de-France. Débutant dans le Val d'Oise, il se poursuit dans l'Oise. Centré sur la forêt de Chantilly et son école équestre, il présente un dédale de chemins, bois et vallées. Le patrimoine historique y est très présent : abbayes, châteaux et sites archéologiques.

À l'est, le Plateau de Brie, avec **LES VALLÉES DE L'OURCQ, DU GRAND MORIN AINSI QUE LA MARNE**, constituent les paysages de la région de Meaux. Le terrain y est façonné par les différents cours d'eau qui sillonnent le secteur.

Entre Meaux et la petite couronne se trouve **LA PLAINE DE FRANCE**, secteur plus urbanisé et s'étendant de Sarcelle à Chelles. Le plateau calcaire présente de nombreux espaces cultivés. Les parcours proposés longent la Marne et l'Ourcq. Malgré la densité de population, il est possible d'y rouler sur de longues boucles.

Au sud-est, de vastes plaines se dessinent. Alternant cultures et massifs forestiers, elles constituent **LA BRIE**. Sillonné par de larges chemins, mais aussi de sympathiques sentiers, le secteur offre des belles possibilités de sorties. Point d'orgue de la région, le château de Vaux-Le-Vicomte.

Accès direct aux vidéos du crew VTOPO en **scannant ce tag**

LES CIRCUITS PROPOSÉS

Le principe même de la collection VTOPO n'est pas de proposer quelques itinéraires sélectionnés, mais d'apporter une liste très détaillée, la plus exhaustive possible. Chaque vallée, coteau, plateau, crête et forêt a été parcouru pour vous proposer les itinéraires les plus jolis, les plus ludiques et les plus variés qui soient.

Quel que soit leur niveau de difficulté, nous nous sommes efforcés de proposer les circuits les plus « nature » possibles. S'il est parfois impossible d'éviter la traversée de certaines portions urbanisées, la quasi-totalité des itinéraires de ce VTOPO ne connait pas le bitume ! Certaines traversées de village valent cependant le détour : châteaux, anciens lavoirs, halles médiévales... le patrimoine est riche !

Le terrain impose le circuit. Quand un bois est parcouru de singles, nous proposons évidemment un circuit technique en oubliant les larges allées roulantes, pour notre plus grand bonheur. Certaines forêts ou plateaux agricoles sont en revanche dépourvues de singles : nous proposons alors des parcours roulants, les plus ludiques possibles, souvent beaucoup plus faciles.

Certains sentiers ou chemins sont volontairement laissés de côtés. Soit parce qu'ils sont sans grand intérêt, soit parce qu'ils sont trop difficiles. D'autres encore parce qu'il est impossible de rédiger un topo clair sans perdre le lecteur, ou parce que leur trace change d'une année à l'autre. Enfin, certains chemins ne sont pas retenus, par souci de préservation : le vélo peut dégrader certains sentiers sensibles à l'érosion. En marge de tous ceux proposés, il existe donc quelques merveilles cachées à découvrir !

Ces circuits sont tous des boucles. N'hésitez pas à les faire dans les deux sens ! Les paysages, perspectives et difficultés changent totalement ! Vous aurez l'impression de faire deux circuits différents !

LE VTT À TRAVERS L'ILE-DE-FRANCE

Globalement, l'Ile-de-France propose de faibles dénivelés et des chemins plutôt roulants. Cependant, l'enchaînement des montées et descentes, même courtes, permet aux amateurs de descentes techniques d'y trouver leur compte. Sur certaines portions, des difficultés peuvent survenir. Pas de crainte à avoir : tous ces obstacles peuvent être contournés. Vous pourrez sans souci descendre du vélo et le pousser sur le tronçon qui vous pose problème. D'autant plus en montées, vu qu'elles sont relativement courtes.

Trois difficultés demeurent inévitables : la boue, le sable et la distance. Tenez compte des prévisions météo, gérez votre effort sur les chemins sablonneux et gardez des forces pour finir les longs parcours (les barres de céréales sont souvent salvatrices). Adaptez vos sorties aux conditions climatiques. Certains circuits, proches de cours d'eau, naturellement boueux, peuvent vite devenir exigeants par temps humide.

LE CLIMAT

Pas de particularité à signaler en ce qui concerne le temps et les températures. Veillez néanmoins à consulter la météo avant de partir. Quoiqu'il arrive, vous ne serez jamais très loin d'un village. Il est possible de rouler toute l'année, par tout temps et par toute température. Il suffit d'être équipé et préparé en conséquence...

Sachez profiter des saisons. L'automne apporte des couleurs exceptionnelles aux forêts, les bruyères ne sont pas les mêmes en avril ou en octobre. Les sous-bois se parent de fleurs aux senteurs plus ou moins marquées au printemps. Les plaines agricoles changent d'aspect suivant qu'elles sont couvertes de blé, de colza ou qu'elles viennent d'être labourées. La neige hivernale apporte son manteau blanc sur les campagnes d'Ile-de-France...

Il n'est pas rare de croiser des animaux sauvages : rapaces, lapins, sangliers, faisans... En fin de journée, en lisières des forêts qui bordent les plateaux agricoles, vous êtes certains de croiser des chevreuils, parfois en hordes...

L'ENVIRONNEMENT

Pour que le VTT perdure, il est primordial de respecter notre terrain de jeu : la nature. Il s'agit tout simplement de se refuser à quitter la trace d'un chemin afin de préserver la flore, de ne pas déranger la faune et d'éviter de provoquer des ravinements. De même, il est impardonnable de se débarrasser de ses déchets (papiers, chambre à air...) autre part que dans son sac ou dans une poubelle. Et si l'aspect écologique ne vous touche pas, dites-vous que c'est aussi par là que passe la survie du VTT. Si l'on n'adopte pas la bonne attitude, les autorités n'auront aucun scrupule à nous interdire les sentiers.

Dans les forêts domaniales, même s'ils n'ont rien contre la pratique du VTT, les gardes savent être intransigeants. Assermentés, ils peuvent verbaliser les contrevenants. Afin de ne pas compromettre l'avenir du VTT, veillez à respecter les balisages et les interdictions : on ne roule pas sur un sentier manifestement dégradé par l'érosion, et encore moins sur un sentier dont l'accès est interdit par une signalisation.

Il faut toujours avoir à l'esprit que nous partageons notre terrain de jeux avec beaucoup de monde : randonneurs, cavaliers, chasseurs, propriétaires, véhicules motorisés, autres vttistes... Veillez donc à respecter les balisages, à ralentir lorsque vous croiser d'autres personnes, à ne pas perturber les battus des chasseurs, et, d'une manière générale, à être particulièrement avenant avec tous les usagers.

L'ACCESSIBILITÉ

Quel que soit le moyen de transport, les accès sont nombreux.
- par la route : 6 autoroutes (A1, A4, A5, A13, A15, A16), plus de 300 km de routes nationales, plus de 2500 km de routes départementales...
par rail : 3 lignes de RER (A,D et E) et de nombreuses lignes de Transilien au départ de Saint-Lazare, gare du Nord et gare de l'Est.
par l'eau (why not ?) : la Seine et la Marne

Chaque fois que cela était possible, ce sont les gares RER qui ont été choisies comme point de départ des circuits.

DONNÉES TECHNIQUES

DISTANCE

Mesurée dans la plupart des cas grâce à un système GPS informatique. Cette méthode est à apprécier avec une précision de +/- 5%.

D+/D-

Calculé sur la base uniquement du dénivelé positif, c'est à dire celui effectué à la montée. Pour des circuits comportant plusieurs remontées, le dénivelé donné est celui de la somme de toutes les montées. Le dénivelé négatif sera mentionné uniquement pour des itinéraires purement "descentes" ou des traversées, c'est-à-dire avec des points de départ et d'arrivée différents. Dans ce dernier cas, il sera mentionné par exemple 550/850 signifiant 550 m de dénivelé positif et 850 m de dénivelé négatif.

DURÉE

Estimée en ne comptabilisant que le temps de roulage. En quelque sorte, c'est le temps qu'indiquerait un compteur. Les pauses, d'aucune forme que ce soit, ne sont pas prises en compte. Il faut considérer la durée comme le temps minimum nécessaire pour effectuer les itinéraires. En effet, les pauses repas, photos, les recherches d'itinéraires, les arrêts tout court peuvent considérablement augmenter le temps de présence sur le terrain, jusqu'à doubler la durée indiquée.
Bien entendu, selon la difficulté de l'itinéraire, la durée n'est pas estimée de la même façon. Sur un itinéraire montagneux, on se basera plutôt sur la vitesse ascensionnelle (250 m/h à 350 m/h pour un circuit côté V1, V2 ou V3 et 450 m/h minimum pour un circuit V3 ou plus). La vitesse de descente varie selon la technicité du tracé.
Pour un circuit avec peu de dénivelé, on se basera pour l'ensemble du tracé sur la vitesse linéaire (10 km/h pour un circuit V1, V2, ou V3 - 16 km/h pour un circuit V4 ou plus). Par conséquent la durée de l'itinéraire est à considérer avec recul, étant donné qu'elle est purement subjective. Elle donne une idée du temps passé sur le terrain.

DIFFICULTÉ

La difficulté est définie uniquement selon la difficulté technique du circuit. Cette notion, bien entendu, tient compte des parties descendantes et éventuellement plates. Les montées ne sont pas évaluées.

L'ÉCHELLE VTOPO

Divisée en 6 catégories de V1 à V6, elle évalue uniquement la difficulté à rester sur le vélo à la descente ou sur le plat. Un vététiste descendant du vélo, dans les passages les plus durs d'un itinéraire coté V4, ne pourra pas prétendre à un niveau technique V4.
Enfin pour comprendre l'échelle VTOPO, il faut définir les mots suivants :
- Piste : voie large (>3 m) et carrossable empruntée par tous types de véhicules forestiers même les plus gros. On les appelle aussi DFCI ou chemins de feu.
- Chemin : voie plus étroite (entre 2 m et 3 m) et parfois plus pentue que la piste, empruntée uniquement par les véhicules légers 4x4.
- Sentier : voie étroite adaptée aux piétons qui doivent la plupart du temps évoluer en file indienne.

Voici donc l'échelle VTOPO :

Échelle VTOPO	*Difficultés techniques rencontrées*
V1	Descentes uniquement sur pistes roulantes à inclinaison faible à modérée (maxi 10%). Le revêtement est généralement bien stabilisé. Idéal pour les enfants et les débutants.
V2	- Descentes roulantes sur pistes ou chemins plus raides, plus caillouteux (maxi 25%). - Sentiers faciles (uniquement recouverts de terre avec une inclinaison faible).
V3	- Descentes sur sentiers caillouteux (possibilité de passages raides) demandant une pratique régulière du VTT. Possibilité de rencontrer des marches (30 à 40 cm maxi), des épingles. - Pistes ou chemins raides et caillouteux (au delà de 25% - passage derrière la selle nécessaire généralement).
V4	Sentiers ou chemins techniques avec de nombreuses marches parfois hautes (>40 cm), des passages exposés, raides à très raides, des épingles, des dalles, du "trial" facile. D'une manière générale, les descentes de cette catégorie sont soutenues.
V5	Descentes comportant de nombreux passages engagés et raides avec obstacles. Sauts à envisager parfois, franchissements, marches hautes (1 m), trial exigeant, zones techniques au bord du vide. À ce niveau de difficulté, le matériel de descente est fortement recommandé.
V6	Passages très engagés avec sauts obligatoires, road gap, trial très exigeant... La catégorie V6 est à réserver à l'élite du VTT. Enchaîner un passage V6 implique une prise de risque importante pouvant avoir des conséquences dramatiques en cas de chute.

ITINÉRAIRE

La description de l'itinéraire se base sur des repères trouvés sur le terrain mais peut aussi s'appuyer sur des éléments des cartes locales au 1/25 000.

Toutes les indications de direction sont données dans le sens de la progression. Lorsque l'information est intéressante, les balises rencontrées sont indiquées. Il faudra distinguer les balises PR ("Petites Randonnées"), souvent de couleur jaune et les GR ("Grandes Randonnées"), balisés en rouge et blanc. On trouvera toutefois des balises locales, des balises VTT, et même des panneaux indicateurs.

Pour aider le randonneur à se repérer, le circuit est tracé sur un fond IGN 1/50 000 à échelle représentée variable. Les appellations GR, GR de Pays, PR sont des marques déposées par la Fédération Française de Randonnée Pédestre.

INFOS PRATIQUES

SECOURS
112 ou 18

MÉTÉO
www.meteofrance.com ou par téléphone 3250

PÉRIODE DE CHASSE
Il n'y a pas, comme dans le sud de la France, de fermeture des massifs. Par contre, certaines parcelles sont ouvertes à la chasse quasiment toute l'année. Normalement, les chasseurs ont bien balisé la zone concernée, et sont tout à fait compréhensifs à l'égard des vttistes. Si même les GR peuvent être concernés, les droits de passage sont maintenus. Prenez garde tout de même…

TENUE VESTIMENTAIRE
Hiver comme été, il serait vraiment dommage de se passer de textile technique synthétique. Léger, respirant, séchant quasi instantanément, il ne coûte pas plus cher que le coton, à bannir. Evidemment, privilégiez ensuite les vêtements spécifiquement conçus pour le vélo. Sur les longues distances, la différence apparaît évidente.

Attention aux changements de conditions climatiques : ayez les gants adéquats, un coupe-vent ou même un vêtement de pluie dans le sac à dos. Et pourquoi pas une deuxième paire de chaussettes ? Des chaussettes mouillées par temps frais, ça peut devenir un enfer…

Et l'essentiel : la sécurité. Il est inenvisageable de partir rouler sans un casque homologué sur la tête. Les gants et les lunettes peuvent d'autre part devenir des organes de sécurité. Attention à l'état du vélo : une roue mal vissée, par exemple, peut avoir des conséquences dramatiques. Si vous vous lancer dans le trial ou la descente engagée, ce qui n'est pas le cas dans les circuits proposés dans ce VTOPO, le casque intégral et les protections s'imposent.

MATÉRIEL ET SÉCURITÉ
Prévoir de quoi boire et de quoi manger. Les fringales ne sont pas réservées aux coureurs du tour de France et peuvent être violentes ! Un nécessaire de réparation est aussi indispensable : une chambre à air, une pompe, et un demonte-pneu sont le minimum. Vous pouvez ajouter un kit multi-clefs, un dérive chaîne, et une bombe anti-crevaison. Et pourquoi pas une trousse de secours ? N'oubliez pas le téléphone portable chargé. D'une manière générale, essayez de partir le plus léger possible sans toutefois négliger le matériel de sécurité.

MISE À JOUR DES CIRCUITS ET INFORMATIONS DIVERSES
www.vtopo.fr

AVERTISSEMENTS

LES CIRCUITS

Établis grâce à de nombreuses heures de repérages, les circuits ne sont pas intemporels. Les montagnes, les sentiers, les pistes changent. Le plan d'occupation des sols a lui aussi tendance à se modifier ; une zone ouverte à la circulation lors des repérages, peut se trouver interdite peu de temps après. Sachez adapter votre circuit aux contraintes rencontrées. Partez toujours avec la carte locale correspondante et sachez rebrousser chemin. Ces circuits ne sont que des idées de randonnées. C'est pourquoi, vous devrez, avant de partir, vous renseigner auprès des mairies, et consulter le cadastre pour connaître les parties privatives que vous n'aurez pas le droit de traverser. Il en est de même pour les sentiers fermés par arrêté municipal ou préfectoral.

LE GUIDE

Malgré de nombreuses relectures attentives, des erreurs se sont certainement glissées. Lorsque vous rencontrez une contradiction entre le guide et le terrain, privilégiez votre lecture du terrain. N'oubliez pas que les fonds de cartes inclus dans ce guide, ne remplacent jamais la carte locale au 1/25 000 quant à sa précision.

LA FRÉQUENTATION

On ne le répétera jamais assez, le VTT peut être très dangereux en cas de collision avec un autre usager. Soyez très prudents, notamment sur les petits sentiers où la visibilité est très réduite. Maîtrisez toujours votre vitesse et laissez passer les personnes que vous rencontrez. Méfiance aussi sur les pistes, à la descente. La vitesse peut engendrer des projections de cailloux à des hauteurs importantes, pouvant provoquer de très graves blessures à ceux que vous croisez. Encore une fois, ralentissez. Respectez également les périodes de chasse et les panneaux lors des battues.
Enfin, soyez attentif lorsque vous traversez une route. Aussi, lorsque vous progressez sur route, respectez le code de la route et pédalez en file indienne si vous êtes à plusieurs.

En aucun cas, l'auteur et l'éditeur ne seraient être tenus responsables de problèmes ou d'accidents rencontrés sur les circuits cités dans ce guide.

IMPORTANT

La pratique du VTT reste un sport dangereux dont la chute peut avoir des conséquences fatales. Nous vous conseillons toujours de partir avec un encadrement professionnel. Les idées de parcours proposés restent uniquement des idées et non des tracés balisés et entrenus par VTOPO. Pour réaliser ces idées de parcours, VTOPO s'appuie sur une équipe de rédacteurs issue de la zone géographique. Ces derniers recensent les pistes, chemins, sentiers empruntés couramment par les vététistes. Même si certains tracés sont moins connus que d'autres, il n'en reste pas moins que VTOPO n'est pas à l'initiative de la création et de l'entretien de ces chemins. Sur le terrain, vous ne trouverez aucun balisage lié aux éditions VTOPO. Étant donné qu'en France la majorité du domaine forestier est privé, tous ces circuits passent dans des propriétés privées. VTOPO n'a pas signé de convention avec les propriétaires. Étant donné que ce sont des idées de randonnées, il est de votre devoir de demander l'autorisation pour traverser une propriété privée. Sachez aussi qu'il est interdit de se trouver hors des sentiers et que vous devez respecter le code de la route ainsi que les autres usagers.

CONTINENTAL

LE VEXIN

Au nord de l'Ile-de-France, le Vexin offre des paysages et milieux étonnants : coteaux calcaires, marais, bois... Ce vaste plateau calcaire, dominant de 100 m environ les régions alentour, est délimité au sud par la Seine, à l'est par l'Oise, à l'ouest par l'Epte et la Troëste, au nord par l'Esche. Le plateau est entaillé de vallées aux profils contrastés, tantôt longues, étroites et jalonnées de vallons (Viausne, Sausseron). Les paysages du Vexin sont fortement marqués par une activité agricole où dominent les grandes cultures (blé, orge, colza). Surplombant le plateau, les buttes d'Arthies, de Rosne, et de Marines dressent leur silhouette boisée et ont conservé leur chapeau de sable et de meulière.

La spécificité du Vexin français réside également dans son patrimoine architectural. Tous les styles se côtoient et témoignent d'une occupation ancienne. On retrouvera en plus des châteaux, nombre de fontaines, lavoirs et moulins.

En suivant les circuits de ce VTOPO, vous passerez à proximité de ce patrimoine. Les chemins traversent quantité de bois et exploitent les coteaux et vallons pour en tirer le meilleur parti. Préparez le vélo et go...

1. LA CHAUSSÉE DE JULES CÉSAR

V1

Distance **15 KM** D+/D- **10 M**
Durée **1H30** Difficulté **V1**

En parcourant la Chaussée Jules César, vous suivrez les pas de nos ancêtres. Cette antique voie de communication reliait la Manche, Rouen, Paris et Lyon alors capitale de la Gaule. Une balade sans difficulté à faire en famille.

Itinéraire

(43 m) Départ du parking de la gare de Santeuil. À la sortie du parking, prendre à droite, rue de la Fontaine Saint Pierre. Elle tourne à gauche, puis à droite. Monter les quatre marches à gauche entre les maisons, puis au bout, se diriger à droite. Un peu plus loin, un chemin de terre se présente à gauche (balisage jaune) : l'emprunter.

(1 : 75 m – 0,8 km) Laisser le chemin venant de la gauche et poursuivre tout droit. Au bout, tourner à gauche en descente. Franchir les deux ponts et lorsque la route tourne à droite, prendre à gauche dans le bois sur le chemin de terre (balisage jaune). Au niveau du moulin, le chemin part à gauche : franchir la chaîne en face pour continuer sur le sentier. Longer le ru, passer à côté du lavoir, et poursuivre tout droit. À la sortie du bois, ne pas s'occuper du chemin de droite.

(2 : 102 m – 5,2 km) En arrivant devant le skate-parc aller à gauche puis tout droit. Au bout du chemin prendre à droite, et à gauche au bout. Sortir de Commeny, virer à gauche sur la Chaussée de Jules César. C'est un chemin herbeux. En aboutis-

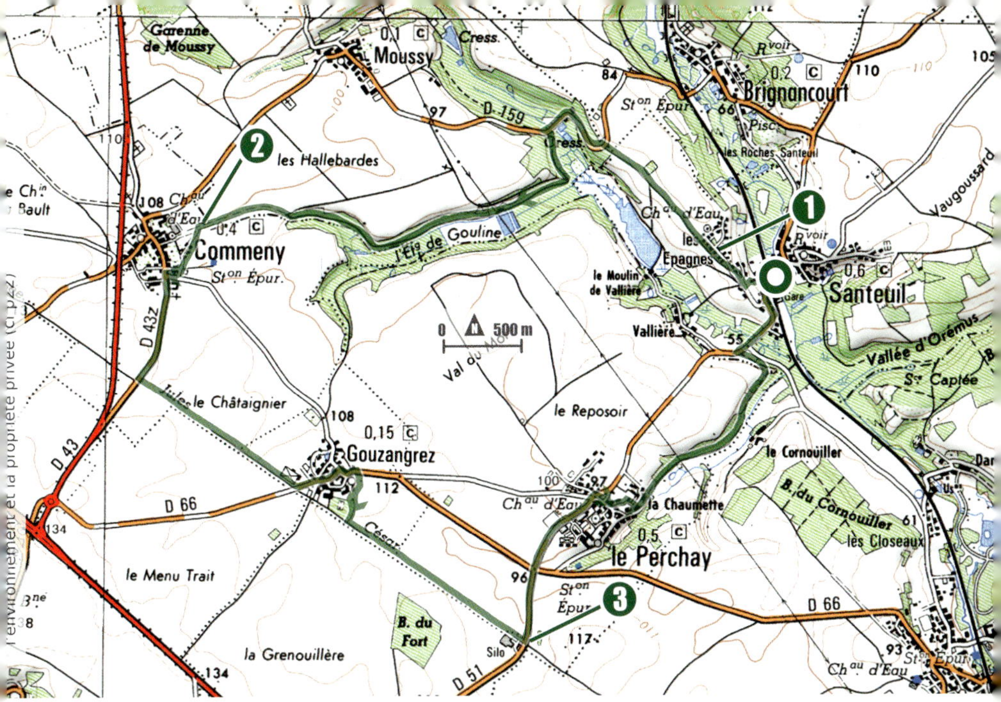

Histoire : *Témoignage de l'influence de Rome sur le paysage du Vexin, la chaussée Jules César fait partie des itinéraires stratégiques reliant la capitale antique et les centres politiques et militaires de la province.*

sant sur la D66, entrer dans Gouzangrez à gauche, passer devant l'ancienne distillerie, rouler Grande Rue, prendre à droite la route de Commeny, puis à gauche. À la sortie du village, à hauteur du passage piéton, prendre à droite pour longer le mur de l'église. Au bout reprendre à gauche afin de continuer sur la Chaussée Jules César.

(3 : 103 m – 10 km) Aboutir sur la D51 et la suivre vers la gauche. Au stop, prendre en face, et au rond-point en face. Prendre la première à droite devant le centre équestre, puis la deuxième à gauche, rue de la Petite Barre. À la fin de la rue, aller à gauche en descente, et poursuivre sur le sentier. Entrer dans le bois, longer le hangar et l'étang. Au croisement tout droit. Le sentier monte et descend. Rouler à gauche à la patte d'oie, puis à droite à la route. Poursuivre en face au croisement, puis à droite au suivant pour descendre vers le parking de départ.

2. LE BOIS DE LA TOUR DU LAY

V2

Distance	**28 KM**	D+/D-	**220 M**
Durée	**2H30**	Difficulté	**V2**

En faisant le tour du bois de la Tour, vous découvrirez les différents paysages du nord parisien : forêts, plaines, terre et sable. Pas de difficulté pour ce parcours assez roulant.

Itinéraire

(55 m) Départ depuis la place Général De Gaule, devant l'église de Champagne-sur-Oise. Partir sur la gauche, rue d'Aire. A la fourche, prendre à gauche, puis prendre la troisième à droite, une ruelle en montée, chemin des Ronces. À l'intersection, continuer à gauche, chemin des Roches, puis au bout, à nouveau à gauche.

(1 : 60 m - 1,2 km) Descendre sur 100 mètres, puis tourner à droite sur le chemin de terre en descente. En bas, partir sur la droite, puis juste après le virage, à nouveau à droite, chemin du Clos Pollet (balisage jaune). Le chemin monte et descend. En bas, virer à droite pour suivre le chemin n°4 du GR. Prendre à droite à la patte d'oie, rue de Vaux, passer le ru. Au carrefour, continuer en face, rue du Chêne Conti. 50 mètres plus loin, entrer dans le bois à gauche, sur le chemin de terre, en montée (fin du balisage). Traverser la rue, chemin de Meru. Au croisement, prendre à gauche (balisage rouge et blanc) pour longer le grillage, à droite, puis à gauche, toujours sur le GR1. Prendre à droite aux deux embranchements suivants pour profiter d'une belle descente. En bas, partir sur la droite (fin du GR), longer le bois, et y rentrer plus loin. A la sortie, tourner à gauche, jusqu'au croisement suivant : monter le chemin caillouteux à droite, jusqu'à la route. Tourner à droite, puis à gauche sur le chemin de terre, sous les lignes à haute tension. Entrer dans le bois Brulé. Au croisement, virer à gauche, et 20 mètres après, à la patte d'oie, pour descendre. A la sortie du bois, au croisement, partir à droite à travers champs. Ignorer le chemin à gauche, traverser le bosquet, puis à la sortie, après 100 mètres, prendre à droite le sentier dans le bois. Monter le long du grillage, prendre à gauche au croisement, à droite, puis à gauche. Passer les blocs de pierres pour sortir du bois.

(2 : 160 m - 10,3 km) Traverser la route, et passer devant la chapelle St Robert. Poursuivre sur le chemin, et après les habitations, prendre à gauche. Longer le bois avant d'y entrer. Traverser le carrefour. A la fourche, prendre à droite. Poursuivre sur le même sentier, en descente, sans s'occuper des sentiers à droite et à gauche, jusqu'à ce que le chemin devienne une rue. Tourner à droite, rue de Renouval, en descente. Prendre la montée à gauche, laisser le premier chemin à droite, et prendre le suivant en montée. Entrer dans le bois, et prendre la deuxième à droite. Sortir du bois, puis partir sur la gauche pour longer le bois. Continuer à gauche en poursuivant à la lisière, avant de rentrer dans le bois. Au carrefour, virer à gauche. Aboutir sur le parking : le traverser à gauche, derrière les blocs de pierre, franchir l'aire de pique-nique, et passer derrière la barrière en bois. Sillonner sur le chemin, jusqu'à la route :

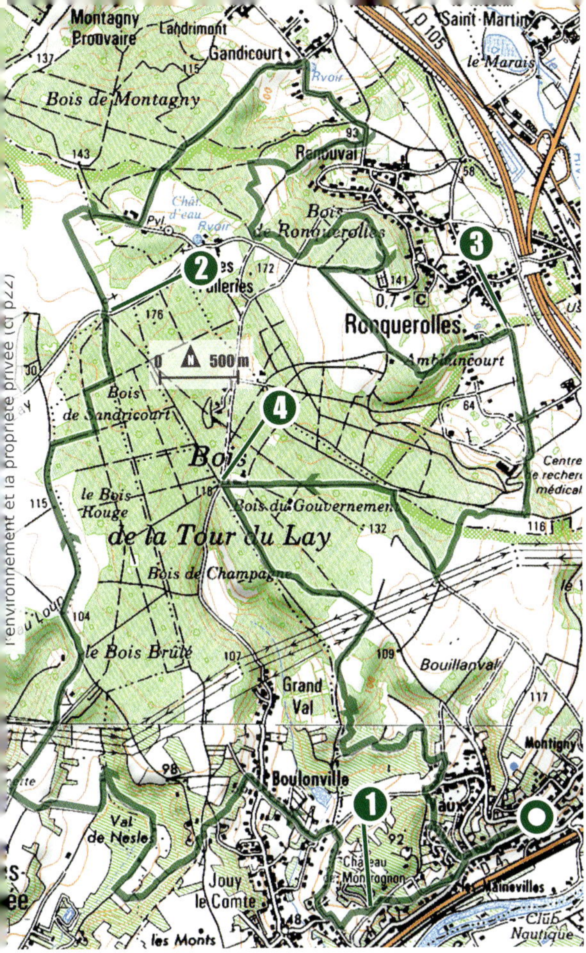

la traverser, et franchir les blocs des pierres sur la gauche. Prendre le troisième sentier à droite dans la descente. Il grimpe assez fort et il sera peut être nécessaire de pousser le vélo. Laisser le réservoir à gauche, puis le cimetière. Aboutir sur un chemin : tourner à droite, et à gauche 100 mètres plus loin, à travers champs. Entrer dans le bois, et descendre sur la gauche le long du mur. Le sentier devient alors un chemin. Continuer jusqu'à la croix.

(3 : 73 m - 19 km) Devant la croix, tourner à droite, passer devant le centre équestre, croiser le chemin d'accès au château de Chambly, et monter en face. Prendre à droite, puis le sentier à gauche devant l'entrée. Poursuivre la montée. En haut, sortir du bois à droite, puis avant d'y rentrer à nouveau, partir à gauche pour poursuivre à l'orée. Prendre à gauche à l'intersection, toujours en bordure de forêt. Arrivé sous les lignes à haute tension, prendre le premier sentier à droite, balisé en jaune dans le bois. Rouler sur le premier chemin à gauche, en continuant de suivre le balisage jaune. Poursuivre tout droit sur le même chemin (fin du balisage), jusqu'à passer devant les habitations et d'aboutir sur une route.

(4 : 123 m - 23 km) Avant la route, franchir la barrière en bois à gauche et continuer sur le chemin pour aboutir sur un sentier : prendre à gauche derrière la barrière en bois. Sortir du bois. Sous les lignes électriques, tourner à droite, puis à gauche. Continuer sur le single en face, qui poursuit le long du champ, avant de s'y enfoncer. Le descendre, et partir sur la gauche en aboutissant sur le sentier. Il descend et remonte. Continuer à droite à la fourche, et descendre. Le sentier arrive sur un chemin de terre après une courte montée : prendre alors à droite. Le chemin devient une rue. Au carrefour, prendre à droite, rue du Beau Regard, de nouveau à droite à la fourche, puis 100 mètres après, à gauche sur le sentier en montée. À la patte d'oie, partir sur la gauche en descente. Passer la première maison, et descendre la ruelle à gauche. Traverser le parking, tourner à droite en arrivant sur la rue, et continuer jusqu'au stop : prendre à gauche, rue d'Aire, pour un retour au parking de départ.

Monument : *Au cœur de la forêt se trouve un grand bloc de grès. Il fut utilisé au néolithique (entre 2400 et 1600 ans avant JC) par les hommes comme polissoire pour affuter leurs haches ou leurs couteaux.*

3. LES PLAINES DU VEXIN

V2

Distance **32 KM** D+/D- **230 M**
Durée **2H15** Difficulté **V2**

Voici une sortie qui peut être faite en famille. Cette boucle roulante vous emmène sur les plaines du nord parisien. Un parcours agréable, sans difficulté, qui alterne chemins en plaine et sous-bois.

Itinéraire

(94 m) Départ de Hérouville depuis le parking à côté de l'arrêt de bus, à l'entrée de la commune, rue Georges Duhamel. Se diriger vers la sortie du village, prendre à gauche le chemin agricole derrière le muret, puis au bout à droite. À la route, aller à droite, puis à gauche sur la piste cyclable. Après avoir contourné le rond-point, poursuivre en face sur la route, aller à gauche direction « Labeville », puis à droite sur le chemin agricole.

(1 : 108 m – 1,2 km) Au bout du chemin, prendre à droite, puis les deux fois suivantes à gauche. Se diriger à droite en descente, laisser le chemin à droite, et poursuivre la descente. Au croisement, tourner à gauche en montée vers la croix Baptiste. Tourner à droite en descente. A la fourche, prendre à gauche, puis à nouveau à gauche, chemin de Paris. Au bout, aller à gauche sur la route. Elle monte, descend et remonte. Prendre le chemin de terre entre les deux murs, qui descend dans le bois. Franchir le ruisseau. Au bout du chemin, prendre à droite sur la route. Au croisement, prendre à gauche en montée, puis à nouveau à gauche sur le sentier (balisage jaune peu marqué). Traverser le champ, longer le bois avant d'y rentrer à gauche en descente. A la fourche, prendre à droite, puis sortir du bois et le longer. Après une centaine de mètres, traverser le champ toujours sur le GR. Descendre la route jusqu'au cédez le passage.

(2 : 47 m - 9 km) Au cédez le passage, prendre à gauche, rue de Pontoise, puis à droite à l'intersection, rue Verte (balisage jaune). Continuer en face à l'intersection derrière les blocs de pierres en entrant dans le bois. Franchir le pont. A la sortie du bois, aller sur la gauche, puis à droite sur la D64, et à gauche en montée sur le chemin de terre dans le bois. Aller à gauche, toujours en montant. Sortir du bois, poursuivre tout droit au croisement, puis rentrer à nouveau dans le bois sur un chemin sablonneux. Prendre à droite aux deux fourches suivantes, et descendre jusqu'à la D64. La suivre à gauche, prendre la deuxième à droite, poursuivre en face au croisement, et prendre à gauche à la route. Longer le cimetière, puis tourner à droite sur le chemin de terre derrière la barrière en bois. Entrer dans le bois. Prendre à droite à la fourche (balisage jaune), en face à l'intersection, monter le chemin, et sortir du bois. À la route, aller à droite, jusqu'au croisement.

(3 : 160 m – 16,5 km) Prendre à gauche pour longer le terrain de foot, monter dans le bois et redescendre. À la route se diriger vers la gauche, puis prendre la deuxième à droite. Au niveau de l'arrêt de bus, prendre entre les murs la sente qui monte (balisage jaune). Aller à droite à l'embranchement, à gauche à la route, puis à droite pour longer l'église. Descendre la rue à gauche, puis au croisement à gauche pour contourner la place, rue Saint Didier. Un peu plus loin, prendre à droite, emprunter le chemin entre les maisons, et descendre jusqu'à l'aire de jeux. Aller à droite sur la sente, au bout à gauche sur le chemin, et à nouveau à gauche à travers champs. À l'intersection, rouler à droite, poursuivre en face à la suivante, longer le bois, puis prendre à droite au carrefour. Virer première à gauche, franchir la barrière métallique, suivre la D79 vers la

gauche. Passer la barrière à droite, poursuivre en face au croisement, longer le bois et franchir la barrière. Monter la route à gauche, puis prendre à droite 200 mètres plus loin, dans le bois, sur le GR (balisage rouge et blanc). Prendre à gauche aux deux fourches suivantes, puis à droite sur la sente principale. Reprendre le chemin sur la gauche le long du bois. Passer le tunnel.

(4 : 55 m – 25,1 km) A la sortie du tunnel, aller à gauche en montée sur la route. Prendre à droite, puis lorsque la rue tourne sur la gauche, en face sur le chemin herbeux en descente. Entrer dans le bois. Aux deux intersections suivantes, poursuivre en face. Prendre à gauche à la suivante, puis en face, toujours en descente. Rouler à gauche en montée sur la route goudronnée (balisage rouge et blanc du GR), franchir la route, monter les quelques marches et en haut, aller sur la droite en face. Poursuivre tout droit jusqu'au bout de la rue, tourner à droite, puis 50 mètres plus loin à gauche sur le chemin agricole. Le suivre à droite au croisement, puis à gauche, et en face aux suivants. Poursuivre tout droit, traverser la rue, longer les cours de tennis et aboutir à la D927 : la franchir, continuer en face à travers champs, puis prendre la deuxième à gauche. Au rond-point dans Hérouville, poursuivre en face, prendre à droite à la patte d'oie puis à gauche pour un retour au point de départ.

l'environnement et la propriété privée (cf p22)

4. PLAINE OU BOIS?

V2+

Distance **35 KM** D+/D- **190 M**
Durée **2H30** Difficulté **V2+**

Pour cette sortie, deux possibilités vous sont proposées. Une première boucle offre les plaines du Vexin aux familles. Les plus courageux pourront allonger le circuit avec la deuxième boucle. Elle est plus forestière, avec des montées physiques et des descentes plus techniques. Cette deuxième partie peut être difficile dans le bois de Galluis où de nombreux chemins pour quads et 4X4 sont tracés.

Itinéraire

(89 m) Départ rue Fernand Maigne, devant l'école, à Magny-en-Vexin. Descendre en direction du centre-ville. Prendre la première à gauche, rue André et Maurice Guésnier, puis à droite, rue du Moulin de Bureau. Franchir les anciens rails, remonter et prendre la sente du Loup, en face. En arrivant à l'intersection, aller en face, puis à gauche à l'intersection, sur le chemin qui longe l'école.

(1 : 101 m - 1 km) Monter sur le chemin, longer le bois, laisser le chemin de droite et à la patte d'oie, aller à gauche. Au bout du chemin, tourner à droite. Traverser le carrefour, puis au suivant, aller à droite. Au bout, prendre à gauche, puis à droite à l'intersection. En arrivant sur le chemin, le suivre à gauche, en longeant la D14. Au stop, aller à droite, traverser le croisement et le pont, puis au rond-point, prendre la première sortie à droite. Continuer tout droit à l'intersection. En tournant sur la gauche, la rue devient chemin agricole et descend. En bas, laisser le chemin à droite qui monte et poursuivre sur la route à droite. Continuer tout droit jusqu'au stop, aller en face, puis prendre le deuxième chemin à gauche. Prendre la première à droite, puis au bout, faire un gauche-droite. Au croisement, tourner à gauche, puis au bout, à droite. Arriver à la route : la suivre à gauche, puis prendre le chemin à droite. Continuer tout droit jusqu'à la route.

(2 : 137 m - 14,3 km) Petite boucle. Traverser la route et poursuivre sur le chemin jusqu'à la D8, la suivre à gauche, et prendre le deuxième chemin à gauche. Laisser les deux chemins venant de gauche et au carrefour, aller en face (balisage jaune du PR).

(2 bis : 137 m - 14,3 km) Grande boucle. Suivre la route à droite, en montée. À la fourche, se diriger à droite, rue Calvin, à gauche, puis à droite, impasse des sablons, toujours en montée, en entrant dans le bois (balisage jaune). Suivre le chemin en face à l'intersection. Au bout, aller à gauche. Laisser les deux chemins de droite, puis à la fourche, tourner à gauche. Le chemin monte et descend à plusieurs reprises. Au bout du sentier, rouler à gauche. Laisser le chemin de droite. Le sentier tourne à droite à deux reprises. Dans la montée, prendre la sente à gauche. Passer l'intersection et continuer en face. À nouveau, prendre en face au croisement, puis à gauche à la fourche. Passer devant le réservoir. Le chemin devient rue et descend. Prendre à gauche, rue de la Guillaumette. Traverser la D205. Suivre le balisage jaune du PR, longer le bois avant d'y entrer. Laisser le chemin de droite, puis au bout faire un gauche-droite pour continuer la montée sur le PR. Prendre la sente à droite, puis à gauche pour revenir sur le chemin principal. Au croisement, poursuivre en face. Laisser la sente à droite (croix jaune), et descendre. Franchir la barrière métallique, se diriger à gauche à la fourche (fin du balisage). Laisser la sente à gauche. A la

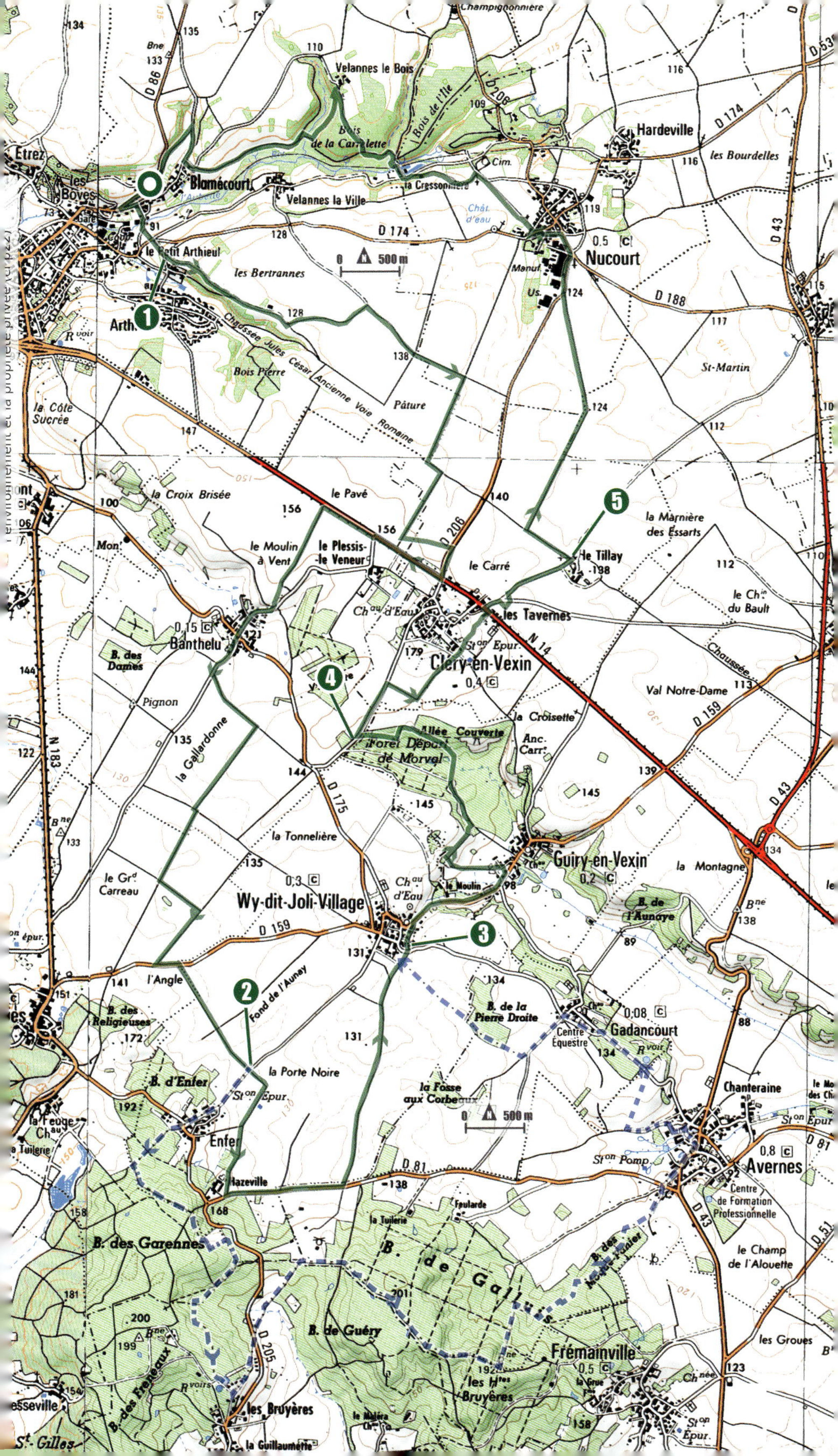
Champignonnière
Velannes le Bois
Bois de la Carrelette
Bois de l'Ile
Hardeville
les Bourdelles
Etrez
les Boves
Blamécourt
Velannes la Ville
la Cressonnière
Cim.
Chât. d'eau
Nucourt
le Petit Arthieul
les Bertrannes
Arth.
Manuf.
Us.
Chaussée Jules César Ancienne Voie Romaine
Bois Pierre
St-Martin
Pâture
la Côte Sucrée
la Croix Brisée
le Pavé
le Moulin à Vent
le Plessis-le Veneur
la Marnière des Essarts
le Tillay
le Carré
les Tavernes
le Ch.in du Bault
Banthelu
B. des Dames
Ch.au d'Eau
Cléry-en-Vexin
Chaussée
Val Notre-Dame
Pignon
la Croisette
Allée Couverte
Forêt Départ. de Morval
Anc. Carr.
la Gallardonne
la Tonnelière
Guiry-en-Vexin
la Montagne
le Gr.d Carreau
Wy-dit-Joli-Village
le Moulin
B. de l'Aunaye
l'Angle
Fond de l'Auney
B. de la Pierre Droite
B. des Religieuses
Gadancourt
Centre Equestre
la Porte Noire
B. d'Enfer
la Fosse aux Corbeaux
Chanteraine
la Feuge
Enfer
Avernes
Hazeville
Feularde
la Tuilerie
Centre de Formation Professionnelle
B. des Garennes
B. de Gallu
le Champ de l'Alouette
B. de Guéry
Frémainville
les Hites Bruyères
les Groues
les Bruyères
la Guillaumette
St Gilles
N 14
N 183
D 206
D 174
D 188
D 43
D 159
D 175
D 81
D 205
D 86
0 500 m

patte d'oie, prendre à gauche et au croisement à gauche, en descente. Poursuivre en face à l'intersection, puis à droite à la suivante. Tourner à gauche à l'intersection, en descente, puis à droite à la fourche. Laisser le chemin de droite et rouler à gauche. Sortir du bois derrière la barrière, longer le bois. Le chemin devient rue. Traverser la route et poursuivre, rue des Prés. Prendre la deuxième à gauche, rue du Marché, puis la troisième à gauche, vers le lavoir. Tourner à gauche à la fourche, puis à droite en montée sur le chemin herbeux. En haut, aller à gauche sur le chemin agricole. À l'intersection, prendre à droite, en montée. Atteindre la route : la suivre à gauche. Prendre le sentier sur la gauche à l'entrée du bois. Il longe la route. Ne pas s'occuper du chemin à gauche. Au bout, prendre à gauche, rue des Faubourgs, puis à nouveau à gauche. Rouler en face sur le chemin agricole puis à droite sur la sente en montée dans le bois. Prendre la deuxième à droite, à l'entrée du village (balisage jaune du PR).

(3 : 124 m - 19 km / 3 bis : 124 m - 28,8 km) Traverser la route et poursuivre, rue au Coq. Prendre à gauche à la fourche, traverser la rue, et au bout, prendre à droite. Laisser sur la gauche la source Saint-Romain. Passer devant le cimetière puis tourner à gauche, rue de l'Abreuvoir. Au bout, prendre à gauche, puis en face derrière la barrière en bois. Le chemin monte. Passer une nouvelle barrière en bois, traverser le bosquet, en sortir, et se diriger à droite. Entrer dans le bois, traverser l'aire de pique-nique, et aller au fond à droite. Rentrer dans le bois, suivre le chemin sur la droite, en face à l'intersection en montée. Laisser le chemin de droite, poursuivre tout droit jusqu'à passer la barrière en bois. Le chemin tourne à gauche et descend. Attention, la descente peut être difficile pour les moins expérimentés. Prendre la deuxième à droite (fin du PR) et monter. Franchir les trois carrefours en face, puis aller à droite pour monter les trois marches.

(4 : 146 m - 23 km / 4 bis : 146 m - 33,8 km) Suivre la route à droite, puis prendre le chemin agricole sur la droite. Prendre à gauche à la fourche. Le chemin devient rue. Poursuivre tout droit aux deux intersections. Lorsque la route tourne à gauche, continuer en face sur le chemin en descente. Atteindre la rue : la suivre à gauche, puis à droite, route du Tillay, sous la départementale. Traverser la route et rouler jusqu'au hameau de Tillay.

(5 : 136 m - 26 km / 5 bis : 136 m - 36,7 km) À la croix, à l'entrée du hameau, aller à gauche sur le chemin herbeux, puis à droite. Continuer tout droit jusqu'à la route : la suivre à droite, prendre à gauche à l'entrée de Nucourt, puis à nouveau à gauche, rue du Château. Au stop se diriger à gauche, rue de la Saussaye, à droite, rue de l'Arche, puis à gauche, chemin de l'Huisset. Arrivé à la route, se diriger à gauche, puis tout de suite à gauche, sur le chemin. Prendre à droite à la patte d'oie. Aller à gauche, puis à droite pour traverser le lieu-dit «la Cressonnière». Laisser le chemin de droite à l'entrée du bois, puis prendre à gauche à la fourche (balisage rouge et blanc du GR). Au croisement, prendre à gauche (fin du balisage). Le chemin monte. Sortir du bois, le longer avant d'y rentrer. Prendre la sente à gauche et profiter d'une belle descente. Remonter avant de sortir du bois. Traverser les champs. À la route, aller en face, puis au bout, à droite. Prendre à gauche sur le sentier. Atteindre la route : prendre à gauche pour un retour au point de départ.

5. DE LUTÈCE À ROME

V2+

Distance **33 KM** D+/D- **230 M**
Durée **2H30** Difficulté **V2+**

Ce parcours très roulant vous emmènera le long de la chaussée Jules César, ancienne voie de communication romaine. Un circuit agréable à faire en famille.

Itinéraire

(41 m) Départ du parking de la gare de Boissy-l'Aillerie. Partir sur la droite, avenue de la Gare. Au monument au mort, prendre à gauche, rue de la république, puis prendre la première à gauche. Prendre à droite, rue de la Veuve Quatremain. Continuer tout droit sur le chemin du Vaugoule. Il devient sentier et grimpe dans le bois.

(1 : 70 m - 1,4 km) En haut, tourner à gauche sur le chemin agricole, longer le grillage de l'aéroport de Pontoise. Lorsque le chemin tourne à droite, prendre le deuxième chemin à gauche, à travers champs (il est herbeux), vers le bois Saint Denis. Le longer. Poursuivre en face au croisement, descendre, puis continuer à nouveau tout droit. Tourner à droite, rue Neuve, passer devant l'église et prendre la deuxième à droite. La rue devient chemin. Partir à gauche après les habitations. Au fond de l'esplanade, emprunter la sente à gauche. Elle sillonne à travers le bois jusqu'à la route. Virer à droite, sortir du bois et prendre la deuxième à gauche, sur le chemin. Il descend dans le bois et aboutit sur la D190.

(2 : 88 m – 6,1 km) Prendre à gauche, puis la deuxième à droite, sur le chemin qui passe sous les lignes électriques, balisé en jaune. Descendre le chemin, prendre à droite à l'intersection, en montée, puis à droite à la fourche. Le chemin devient sentier en longeant le bois de la Brosse. Ignorer le sentier à gauche et poursuivre tout droit. Le chemin quitte la proximité du bois et part à travers champ. Croiser le chemin et arriver sur la D28 : la suivre vers la droite et monter jusqu'au carrefour suivant.

(3 : 107 m - 11 km) Au carrefour, prendre le chemin à gauche en continuant à suivre le balisage jaune. Il longe un grillage puis un mur. Profiter d'une belle descente. Franchir la barrière en bois et virer à droite sur le GR (balisage rouge et blanc). Dans la montée, entrer dans le bois, poursuivre en face au croisement, puis descendre le sentier dans la vallée d'Orémus. Il remonte et sort du bois. En bas de la descente, poursuivre en face derrière la barrière en bois, toujours sur le GR, en montée. En haut, prendre à gauche, redescendre, et prendre la première à gauche. Poursuivre tout droit jusqu'à ce que le chemin devienne une rue. Continuer tout droit et descendre sur la gauche rue Côte du Colombier. Prendre à nouveau à gauche, puis à droite, rue de l'Église. En bas, prendre à gauche rue, Jean Mermoz, franchir les rails, puis prendre tout de suite à droite, rue de la Fontaine Saint Pierre. Monter les quatre marches à gauche et grimper sur le sentier. En haut, partir à droite, passer devant la résidence des Espagnes, puis prendre à gauche le sentier balisé en jaune. Au croisement, prendre à gauche et descendre vers l'étang de Vallière. Devant la barrière en bois, emprunter le sentier à gauche qui remonte. En haut, au croisement, partir à droite, redescendre dans le bois, et franchir le pont au-dessus de la Couvreuse.

(4 : 59 m - 19 km) Atteindre la rue : la suivre vers la gauche, puis prendre à nouveau à gauche sur la D51. 20 mètres plus bas, monter à droite sur le single. Il redescend. Ignorer le chemin de gauche et continuer en face. Prendre à droite à la patte

d'oie sur le chemin qui grimpe. Entrer dans le village. Sur la place, au fond à gauche, prendre la Grande rue, et passer devant l'église. Au stop, tourner à droite, puis prendre à gauche au carrefour.

(5 : 103 m – 22,5 km) Prendre à gauche derrière le bosquet, sur le chemin qui monte (fin du balisage jaune). Poursuivre tout droit, traverser la D169, descendre puis remonter. Rouler sur la sente dans le bosquet, qui sillonne entre les arbres. Poursuivre sur le chemin en face, puis au bout, prendre à gauche, en descente. Tourner à droite pour retrouver le balisage jaune. Au carrefour, poursuivre en face. Croiser la D28. La rue devient un chemin de terre. Prendre à gauche à la fourche, sur le single. Il longe le golf et le chemin. À l'intersection, prendre à gauche le long du grillage, puis à droite à l'embranchement. Monter le single. Poursuivre tout droit à la croix de Labathe. Descendre le chemin, franchir la barrière, puis continuer en face, derrière l'autre barrière, en montée. Ne pas s'occuper du sentier à gauche. Passer devant la croix Justice. Passer les barrières et la route, monter dans le bois. En haut, à la fourche, prendre à gauche (fin du balisage). Prendre à droite à l'embranchement et sortir du bois. Prendre à droite à l'intersection pour entre, dans le bosquet. Le chemin devient rue Raspail. Tourner deux fois à gauche, traverser les voies ferrées, puis prendre à droite, avenue de la Gare, pour un retour au point de départ.

6. LES DEUX RUISSEAUX

V3-

Distance **33 KM** D+/D- **220 M**
Durée **2H30** Difficulté **V3-**

Un circuit assez roulant traversant pleines agricoles et marais. Deux passages plus engagés : le single dans le Bois du Caillouet et le passage de la Vallée d'Omérus.

Itinéraire

(100 m) Départ sur le parking de la gare de Chars. Rejoindre la rue du Général Leclerc. Au bout de la rue, tourner à droite, rue de Gisors. Traverser la voie ferrée. Au carrefour, prendre la rue de l'Église à gauche, puis à gauche, rue de l'Hôtel Dieux. Passer devant la caserne de pompier. La rue devient chemin de terre. Prendre entre les murs le sentier qui monte. Devant les escaliers, tourner à gauche et poursuivre entre les maisons. Le sentier devient chemin. À l'intersection, prendre à droite le chemin en épingle. À la fourche, se diriger à gauche et aboutir sur la route.

(1 : 91 m - 1,6 km) Arrivé sur la route, prendre à gauche, puis 20 m après à droite, sur le chemin balisé en rouge et blanc. Au carrefour, poursuivre tout droit. Vous quittez le GR. Au bout du sentier, tourner à droite. Poursuivre à gauche sur la D188. Le bois de l'Épinette étant privé, on ne peut s'y aventurer. Entrer dans Neuilly-en-Vexin par la rue de Chars. Traverser le carrefour et suivre la direction « Le Heaulme ». En haut de la côte, prendre à droite juste avant le cimetière et poursuivre sur le sentier. Aboutir sur un chemin : l'emprunter vers la gauche. Poursuivre la montée. Arrivé au réservoir d'eau sur la gauche, emprunter le single en face à droite. Il sillonne sur le flanc de la colline. À la fourche, poursuivre sur la gauche en montée. Le single aboutit sur un chemin : le descendre à droite. Aboutir allée des Ponts Hibert, à Marines.

(2 : 170 m - 7 km) Tourner à droite, rue du Maréchal Foch, puis immédiatement à gauche, rue des Anglais. Longer le grillage sur le sentier. En bas de la descente, à la fourche, se diriger vers la gauche. Traverser la rue sur le chemin, le long du mur. En haut de la montée, aboutir sur la rue Radegonde. Prendre à droite puis 20 mètres plus loin, à nouveau à droite sur le chemin qui descend le long du mur. Bifurquer à gauche, rue des Hautiers. Au premier carrefour poursuivre tout droit, puis au suivant à gauche, rue Jean Mermoz. Continuer rue Jean Jaurès. Traverser la place Ernest Peyron et prendre la rue de la Libération. Au stop, prendre à droite et aboutir sur la D159. Tourner à gauche, passer sur le pont au-dessus de la D915 et prendre juste après le chemin agricole à droite. À l'intersection, se diriger à gauche sur le GR1. Continuer à gauche à la fourche, sur le chemin de terre. Aboutir sur la D159 : poursuivre à droite et descendre. Au carrefour, tourner à gauche sur le chemin agricole (balisage rouge et blanc). Longer le terrain de tennis et le stade et traverser la route. Ignorer le chemin à gauche et continuer tout droit en montée, le long du bois. En haut, tourner à droite et descendre. Aboutir sur une route : la traverser vers le sentier légèrement à gauche (balisage rouge et blanc). Monter et longer le bois de l'Église. Dans la descente à la fourche, prendre à droite et poursuivre la descendre. Entrer dans le bois. Le chemin devient sentier, vire à droite, et monte. Continuer sur le GR. Le sentier s'élargit en chemin, puis en route goudronnée. Se diriger à droite et longer le haras du Landais. Passer au-dessus de la Viosne et traverser la voie ferrée. En haut de la montée, prendre vers la droite en direction de Santeuil.

(3 : 61 m - 17 km) Au carrefour, tourner à gauche, puis à droite, vers le hameau de Vallière. À la dernière maison à droite, prendre le sentier qui entre dans le bois. Passer le pont. En haut de la montée, à la sortie du bois, se diriger à gauche et le longer. Descendre le sentier. Il devient chemin et longe l'étang. Avant la barrière en bois, prendre à droite et monter. En aboutissant sur un chemin, prendre à gauche. Arrivé à la D159, descendre à gauche, passer le pont au-dessus de la Couleuvre. Quand le virage tourne à droite, virer sur le chemin à gauche marqué d'un balisage jaune. Au moulin de Gouline, contourner la chaîne et continuer à suivre le sentier balisé en jaune. Passer devant un magnifique lavoir et continuer sur le sentier. À la sortie du bois, prendre à droite le chemin en épingle. Se diriger vers le premier chemin à gauche pour traverser la plaine agricole. Arrivé à la D159, se diriger à gauche puis sur le premier chemin à droite. 50 mètres plus loin, à la fourche bifurquer à droite, ignorer le chemin à gauche et poursuivre tout droit. Ne pas prendre le chemin de droite qui descend vers les maisons mais celui de gauche, sous les lignes électriques. Traverser la route et continuer jusqu'au carrefour suivant.

(4 : 93 m – 27 km) Tourner sur le chemin le plus large à droite. Lorsque le chemin devient sentier, poursuivre tout droit. À la D159, descendre à gauche. Au panneau indiquant la voie ferrée prendre à gauche derrière la barrière sur le sentier balisé en rouge et blanc. Passer une nouvelle barrière et continuer à droite. Au moulin de Misemont, se diriger vers la gauche derrière la barrière en bois et continuer sur le GR1. Une nouvelle barrière se présente, poursuivre dans la rue. Tourner à droite rue de Moussy, traverser le pont, et au bout, bifurquer à gauche, rue du Château Gaillard, le long de la voie ferrée. Au bout de la rue, prendre à gauche, rue de Gisors, puis à droite, rue du Général Leclerc. De là, gagner le parking du départ.

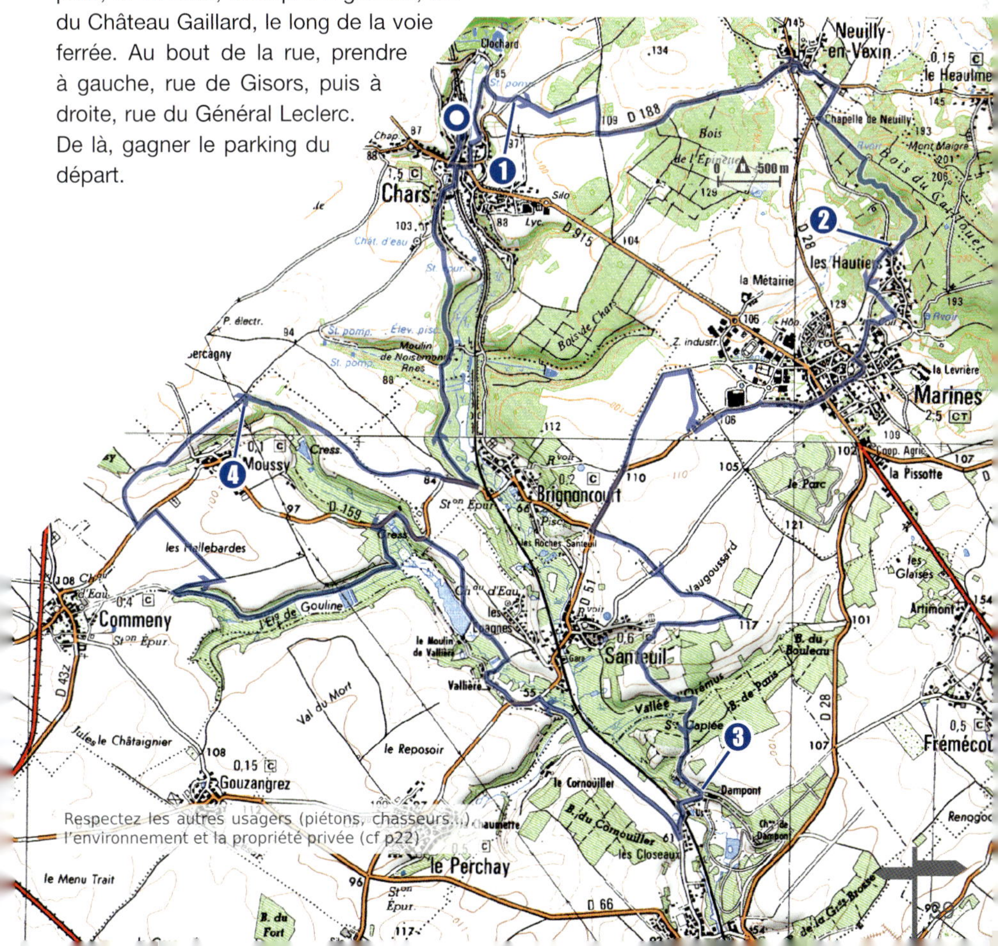

Respectez les autres usagers (piétons, chasseurs...), l'environnement et la propriété privée (cf p22)

7. AUTOUR DE L'OISE

V3

Distance **22 KM** D+/D- **150 M**
Durée **2H30** Difficulté **V3**

Et pourquoi ne pas faire d'une pierre deux coups ? Laissez les enfants avec maman profiter de la base de plein air de Cergy-Neuville. Pendant ce temps-là, faites le tour de la boucle de l'Oise, profitez de passages sympathiques sur les coteaux qui l'entourent et de ses sentiers plus roulants. Une sortie agréable à proximité de Paris.

Itinéraire

(26 m) Départ du parking de la base de plein air et de loisirs de Cergy-Neuville. Au fond du parking, prendre à gauche, passer les barrières métalliques, et aller à gauche sur le chemin de terre en montée. À la patte d'oie, prendre à droite, en direction du Rolling Bille. Le contourner par la gauche, se diriger à droite pour descendre la butte, et remonter en face. Descendre vers le chemin en direction du Parcours Aventure. Poursuivre en face aux deux intersections. Atteindre le chemin goudronné : le suivre à droite en direction de la Baignade-Téléski. Au croisement, aller en face sur le chemin qui longe l'étang (balisage jaune du PR), et poursuivre à droite. À la fourche, rouler à gauche en montée. Laisser le chemin de droite. Au croisement, passer la grille du centre multisport à gauche, puis longer l'étang à droite. Repasser la grille.

(1 : 23 m - 2 km) Prendre la deuxième à gauche, sur le chemin. Passer le croisement et laisser les deux chemins de gauche. À la lisière, prendre la sente à gauche, et longer l'étang. Continuer tout droit à l'intersection, passer devant le pont. Le sentier monte, puis redescend. Au bout, prendre à droite, laisser le chemin de gauche, puis à la fourche, aller à droite. Prendre à nouveau à droite à la patte d'oie, puis descendre vers le chemin goudronné : le suivre à droite, puis prendre tout de suite à gauche, sur le chemin de terre. Aller en face aux deux croisements, puis au suivant à droite. Poursuivre à gauche à la fourche, puis à gauche sur le chemin principal. En haut de la bute, traverser le carrefour et rouler à travers le pré en direction de la route.

(2 : 22 m - 6,3 km) Traverser la route, et poursuivre le long de l'Oise sur le PR (balisage jaune). Le chemin tourne sur la gauche. Aboutir sur la route : la suivre vers la droite. Traverser le rond-point pour rejoindre la piste cyclable, et l'emprunter vers la droite. Traverser le pont, rester sur la piste cyclable, traverser la rue et poursuivre, rue de Vincourt. Franchir le carrefour et rouler, rue du Boile. Au niveau du passage piéton, prendre à gauche sur la piste cyclable, chemin des Miettes (balisage jaune). Laisser les deux escaliers à droite, puis monter à droite sur le chemin pavé. Une sente le longe à gauche, plus facile à monter. Traverser la rue, continuer sur le chemin pavé, et tourner à droite le long des maisons. Rester sur le chemin principal. En bas, atteindre la rue et monter à gauche. Passer le terrain de basket, puis tourner à droite après l'aire de jeu. Descendre les marches. Traverser la rue, et continuer dans la ruelle. Au bout, prendre à droite et suivre la ruelle. Au bout, se diriger à gauche sur le sentier. Rouler tout droit jusqu'à passer la barrière, descendre la rue à droite, puis lorsque celle-ci tourne à droite, continuer en face sur le chemin en descente. Prendre la première à gauche, puis à droite à la fourche. Au croisement, aller à droite, puis à gauche à la patte d'oie. Prendre la troisième à gauche, puis à droite à la fourche. En arrivant devant le grillage, suivre le chemin à droite et passer la barrière. Laisser le chemin à gauche, passer une nouvelle barrière, puis bifurquer sur la deuxième à droite. Au bout, prendre à gauche sur le chemin principal. Continuer tout droit jusqu'aux escaliers : les descendre.

(3 : 60 m - 11,4 km) Traverser la rue et rouler, rue des Girolles. Au bout, prendre à droite, et entrer dans le bois, sur le sentier. Laisser le chemin de gauche, descendre puis à droite à la fourche. Passer le pont, et suivre le chemin à gauche (balisage jaune et rouge). Prendre à droite, passer les marches, à gauche, puis à droite. Sortir du bois, et tourner à droite. Laisser la sente de droite, rentrer dans le bois. Suivre le balisage rouge et jaune. Attention, la descente peut être difficile. En bas, aller à gauche sur le chemin, puis à nouveau à gauche pour remonter la rue. En haut, tourner à droite derrière la barrière métallique, à nouveau à droite aux deux fourches suivantes. Prendre à gauche à l'embranchement, en montée sur la sente. Au bout, aller à gauche en descente, puis monter derrière la chaîne à gauche. Longer le terrain de base-ball. En haut, aller à droite. Devant la grille, tourner à droite sur la sente pour contourner celle-ci. Revenir sur le chemin, le suivre à droite, puis tout de suite à droite sur la sente, et traverser le chemin goudronné. Continuer sur la sente en face, derrière le boulodrome. Laisser le chemin de droite, puis les deux de gauche. À la fourche, virer à droite, et prendre la première à gauche à la patte d'oie.

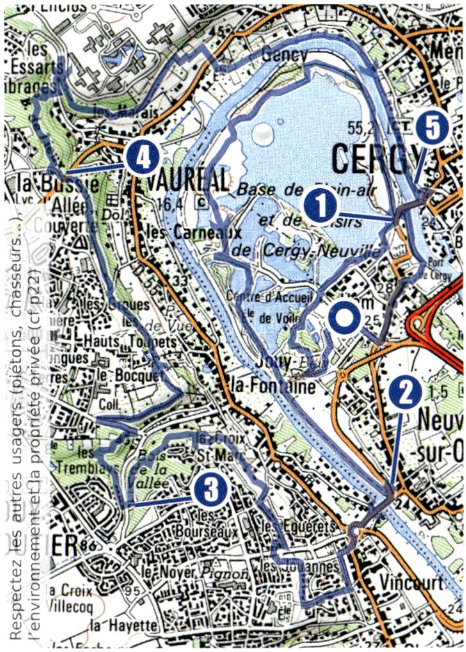

(4 : 75 m - 15 km) Traverser la D922, laisser les trois chemins de droite, puis avant la sortie du bois, aller à droite à la fourche. Pendre à gauche, et continuer tout droit. Prendre la sente à droite, en face du banc situé sur la gauche. Elle descend. Aller à gauche au croisement, puis à droite. La sente devient rue. Au bout, remonter la rue à gauche, passer la barrière et tourner sur le sentier à droite. Au bout, se diriger à gauche. Devant le toboggan, descendre sur la droite, puis en bas, prendre à gauche. Continuer tout droit, puis à droite vers le pont. Traverser la rue, et avant le pont, aller à gauche. Prendre la sente en descente, à gauche des escaliers. En bas, longer le grillage à gauche, puis à gauche pour aller vers la grille. Devant celle-ci, prendre à droite. Au croisement, poursuivre en face, derrière la barrière, en longeant l'Oise. Traverser le parc, continuer de longer l'Oise jusqu'au parking.

(5 : 22 m - 20 km) Traverser ce dernier, puis au stop, prendre à droite (balisage rouge et jaune). Traverser le pont. La route tourne à gauche. Juste après, virer à gauche derrière la barrière, puis à l'intersection à droite. Laisser les deux chemins à droite, longer le mur, puis juste après, prendre à droite. Suivre la rue à droite, puis prendre à gauche au bout. Traverser le carrefour, et au rond-point, tourner à droite pour un retour au parking du départ.

Activités : *Aux portes de Paris, la base de loisir de Cergy-Neuville propose de nombreuses activités. En plus de la baignade, des activités de voiles et canoë, le centre offre la possibilité de pratiquer l'accrobranche , le tennis ou encore le tir à l'arc.*

8. LE SAUSSERON

V3

Distance **34 KM** D+/D- **340 M**
Durée **3H00** Difficulté **V3**

En plein nord de Paris, cette boucle vous mènera d'un coteau à l'autre du Sausseron. Au retour, dans « le bois le Roi », vous pourrez profiter des nombreux chemins à droite et à gauche, véritable terrain de cross.

Itinéraire

(305 m) Départ du parking de la gare d'Auvers-sur-Oise. Prendre à droite, rue du Général de Gaule. Au feu, tourner à gauche, rue de Paris, puis à droite devant la statue de Daubigny. À nouveau à droite, rue de Montcet, en descente. Virer la deuxième à gauche, chemin de la Cavée. En montant, la rue devient chemin de terre.

(1 : 63 m – 1,3 km) Au carrefour, prendre à droite, puis la deuxième à gauche. Traverser la route au carrefour pour poursuivre à droite. À l'intersection, virer à gauche en montée. Poursuivre tout droit jusqu'à ce que le chemin tourne sur la droite. Il passe à proximité de la ferme du Vieux Château. A la fourche, prendre à droite en descente, passer le pont, et prendre à droite sur le chemin en montée. Passer à côté du relais téléphonique, descendre sur le single derrière le cimetière, puis le long du grillage. Tourner à gauche devant la haie, sente de la Ravine. Prendre à gauche, passer devant l'église, virer à droite, avenue du Carrouge, tout droit au carrefour, passer le pont au-dessus du Sausseron. Rouler sur le chemin en face qui monte entre la rue d'Orgiveaux et le chemin des Vallées. En haut, au croisement, partir sur la gauche (balisage jaune), ne pas s'occuper des sentiers qui partent à droite et à gauche. Le chemin monte et descend.

(2 : 105 m – 7,6 km) Traverser la route en face en sortant du bois. Rentrer à nouveau dans le bois. 50 mètres plus loin, en sortir et prendre à gauche. Longer le bois, prendre le single à gauche en rentrant dans le bois. Il permet d'éviter les nombreuses flaques. Revenir sur le chemin principal. Dans la descente, virer à gauche sur le single, et rouler jusqu'à la route. Partir sur la droite, prendre la deuxième à droite, rue du Maréchal Gallieni. Au stop, poursuivre en face sur le chemin de terre, puis prendre à gauche à l'intersection. Au niveau de la croix en pierre, continuer sur le chemin en face, rentrer dans le bois. Le chemin devient sentier et descend. Croiser le chemin pour poursuivre la descente. En arrivant en bas sur le chemin, partir à droite puis à gauche à l'embranchement pour longer le camping. Ne pas prendre le chemin de gauche. Suivre le GR sur la droite, en montée, continuer deux fois à gauche, puis tout droit lorsque le GR part sur la droite. À l'intersection suivante, poursuivre dans l'axe pour passer sous les lignes à haute tension. Longer le camping. Aux deux carrefours suivants, poursuivre tout droit, puis prendre à gauche en descente à la fourche (balisage jaune).

(3 : 104 m – 14.7 km) A la sortie du bois, à la patte d'oie, partir sur la droite pour traverser les champs. Ne pas s'occuper du chemin de gauche. À la route, traverser et rentrer dans le bois. En sortie, prendre à gauche en descente, puis rester sur le chemin principal aux deux carrefours suivants. Au suivant, tourner à gauche et faire un droite gauche pour se diriger vers le bois. Un sentier se présente à droite dans le bois : l'emprunter, descendre jusqu'à la route et la traverser à la sortie du bois. Atteindre le carrefour suivant.

(4 : 44 m - 21 km) Traverser le carrefour, passer le pont, et tourner à gauche sur le chemin. Lorsqu'il devient goudronné, prendre à droite, puis tout de suite à droite, sente du Vas. Sillonner entre les maisons et déboucher sur la D64 : partir sur la gauche. Prendre à droite en épingle à cheveux le chemin de Montcel. En haut de la montée, trois chemins se présentent : prendre celui du milieu. Laisser ainsi la plantation arboricole à la gauche. Continuer tout droit à l'intersection. Le chemin tourne sur la gauche. Poursuivre tout droit jusqu'à la D79 : la traverser, prendre la première à droite, puis tout droit aux deux intersections suivantes. Passer sous les lignes électriques. Le chemin descend. Tourner à gauche au carrefour en montée. Poursuivre sur le même chemin jusqu'à la route.

(5 : 88 m – 29,1 km) Virer à droite, puis 100 mètres plus loin à gauche, sur le GR1 (balisage rouge et blanc), en longeant le bois avant d'y rentrer. Ignorer les nombreux chemins à droite et à gauche qui sillonnent le bois, pour les motos cross. Aboutir sur la route : prendre à droite puis à nouveau à droite sur le chemin. Virer à gauche en montée sur le sentier le long du grillage et du mur. Le sentier devient une ruelle. Franchir la barrière métallique. À l'intersection, continuer tout droit, chemin de Berthelées. Au bout, partir à gauche, en descente. Au parking du château, prendre sur la gauche, sous l'arche. Franchir les blocs de pierre. A la fourche, prendre à droite, puis à gauche à l'intersection. Rouler sur la route jusqu'à revenir à la gare de départ.

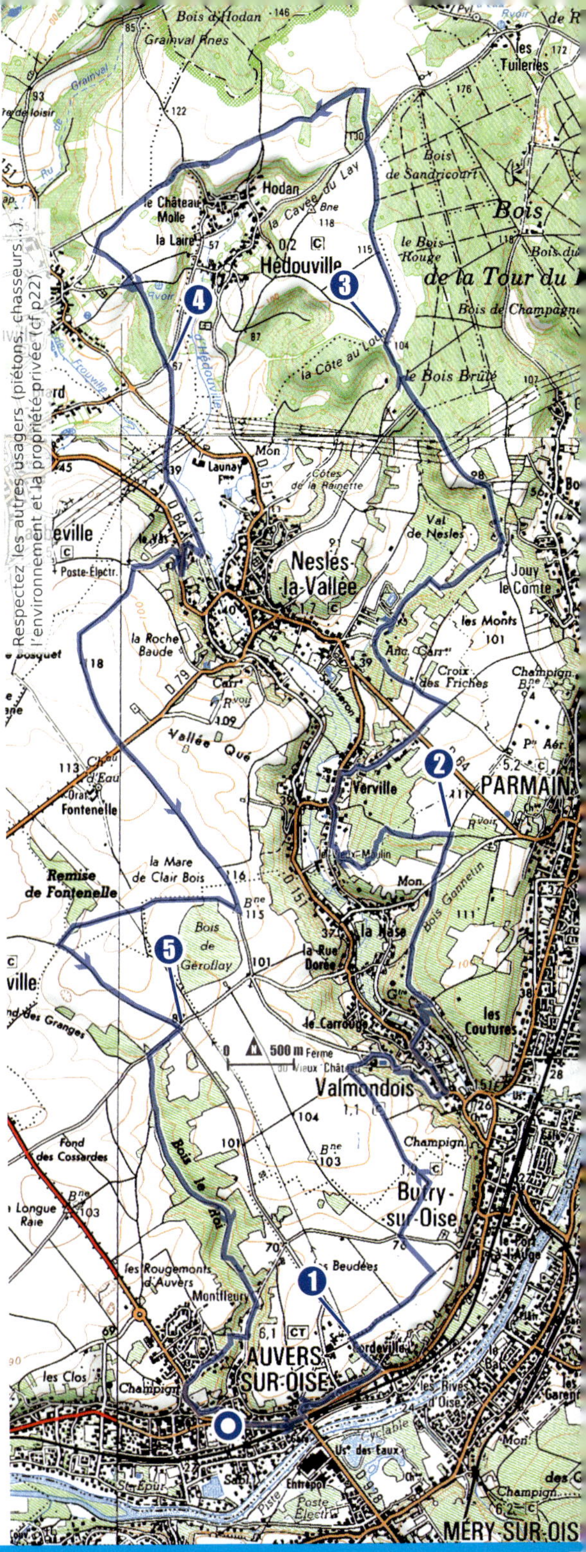

Faune : *En dépit de sa petite longueur (20 km), le Sausseron fait partie des rivières de première catégorie pour la pêche à la truite et du black-bass. Il regroupe en outre plus de 90 espèces d'oiseaux.*

9. AUTOUR DE LA VALLÉE DE CLÉRY

V3

Distance	**31 KM**	D+/D-	**300 M**
Durée	**2H30**	Difficulté	**V3**

Voici un parcours agréable qui tourne autour de la vallée de Cléry, alternant bois et plaines. Ce circuit ne présente pas de difficultés majeures. Vous profiterez de belles descentes sur des singles ludiques et d'une agréable vue sur l'Oise.

Itinéraire

(33 m) Départ de la gare Chaponval, à Auvers-sur-Oise. Prendre en face en montée, rue de Chaponval, puis à gauche, rue des Ruelles. Prendre à droite à la patte d'oie.

(1 : 72 m - 1,1 km) En haut, tourner à gauche sur le chemin, puis au bout, à nouveau à gauche (balisage du GR rouge et blanc). Poursuivre tout droit. Le chemin devient un sentier puis un single en entrant dans le bois en descente. Attention dans la descente, il y a une marche qui peut être difficile à passer. Prendre à droite aux deux intersections suivantes, puis à gauche en bas, rue du Valhermeil. Monter à droite, rue d'Ennery, continuer en face au carrefour, puis à droite à l'embranchement en entrant dans le bois. Un peu plus loin, sur la gauche, se trouve un parcours de trial pour ceux qui le souhaitent. Virer à droite au carrefour. La sente sillonne entre les arbres avant de descendre. Au bout, partir à droite (balisage jaune), et à gauche à la patte d'oie. Franchir les marches, et en bas, tourner à droite. Poursuivre tout droit jusqu'au bout du chemin.

(2 : 30 m – 4,3 km) Au bout, monter à droite, rue Adrien Lemoine, et un peu plus loin sur la gauche, sente des Grattes Coqs. Au bout, tourner à droite, chemin des Mathurins. Franchir la barrière métallique, puis poursuivre en face au carrefour. Prendre à gauche, puis à l'entrée du bois, après les habitations, à gauche en descente sur le sentier balisé en jaune. Au croisement, prendre à droite sur le single qui sillonne. Arrivé au stop à la sortie du bois, partir à droite sur 20 mètres, puis à gauche toujours sur le GR. Tourner à droite à l'embranchement, sur le GR balisé en rouge et blanc, et continuer tout droit jusqu'à la route : la traverser et continuer sur le Vieux Chemin de Pontoise à Labbeville. Poursuivre en face au croisement, et aboutir à la route.

(3 : 95 m - 7,3 km) Traverser la route, rouler sur le chemin d'Hérouville, derrière le stade. Croiser la D927, et poursuivre tout droit aux deux carrefours suivants. Aboutir sur la D928 : remonter sur la droite jusqu'au rond-point, puis prendre à gauche. Au stop, rouler en face sur le chemin, puis prendre la deuxième à droite, en descente. En bas, virer à gauche pour remonter. Ne pas s'occuper du chemin à droite, longer le bois de Gérofay, puis prendre à gauche au carrefour. 100 mètres plus loin partir sur la droite, puis à nouveau à droite en descente, chemin de la Vallée Qué.

(4 : 38 m - 15,2 km) En bas, prendre à gauche, puis 30 mètres plus loin, au carrefour, en face sur le chemin. Prendre la troisième à droite, juste avant le parking, passer le pont qui enjambe le Sausseron et aboutir sente du Pré de l'Âne. Virer à droite, puis à gauche, chemin des Bourbottes, pour suivre le GR (balisage rouge et blanc). Prendre à droite à la patte d'oie, puis à nouveau à droite au bout pour monter la sente dans le bois. Traverser le chemin, et poursuivre la montée. En haut, sortir du bois et prendre la troisième à droite. Franchir la D64, à l'entrée du bois à gauche, puis tout droit jusqu'à la route. Virer à droite sur la route, puis sur le deuxième chemin à gauche dans le bois (chemin pédestre). Tourner à droite sur la sente en descente, à gauche en bas sur le

chemin, puis à droite à l'intersection, toujours en descente. Aboutir rue Dorée : traverser le carrefour, franchir le pont au-dessus du ru, puis prendre à droite (balisage jaune A5) sur le chemin. Au bout, prendre à gauche, rue Léon Bernard.

(5 : 32 m - 22,8 km) Traverser la route, monter le chemin dans le bois, puis prendre à gauche sur le sentier. A la sortie du bois, virer à gauche sur le chemin, et poursuivre tout droit au croisement suivant. Franchir la barrière, puis continuer en face sur la route. Prendre la troisième à gauche sur le GR (balisage rouge et blanc). Longer le bois, puis tourner à gauche à l'embranchement pour y rentrer. La sente sillonne en descendant. Suivre le GR sur le chemin principal. À la sortie du bois, monter sur le sentier à droite. Au croisement, prendre à droite. Prendre à gauche au croisement et sortir du bois. Le sentier devient un chemin. Virer à droite au carrefour, puis à gauche. Prendre à nouveau à gauche à la patte d'oie. Au rond-point, poursuivre en face, puis prendre la troisième à droite, chemin de la Chevalerue. Prendre tout droit au croisement, et sortir du bois. Prendre la troisième à gauche sur la sente. En bas, virer à gauche, rue de la Cherielle, en descente, puis à droite à 180°, rue des Meulières, et à droite à l'embranchement, en montée. Pendre à droite à l'intersection suivante, puis à nouveau à droite au carrefour pour un retour au point de départ.

l'environnement et la propriété privée (cf p22)

10. SUR LES PAS DES FÉES

V3

Distance **32 KM** D+/D- **380 M**
Durée **3H00** Difficulté **V3**

Comment ne pas apprécier cette sortie sans difficulté particulière, qui, au détour d'un virage, au bout de la rue de la Cave aux Fées à Brueil-en-Vexin, vous mène à une allée couverte ? Une promenade agréable vous menant au milieu des champs de blé et des bois.

Itinéraire

(49 m) Départ depuis la gare de Gargenville. Prendre à gauche vers le fond du parking. Emprunter la sente entre les grillages. Au bout, aller à droite, puis tout de suite à gauche, rue du Montoir. Passer les blocs de béton, continuer à droite, longer le terrain de foot laisser le chemin de droite, et prendre à gauche. Traverser la D130 et poursuivre en face. Sur le chemin, aller en face, impasse des Haies. Prendre la deuxième à droite, rue de Ranciport, et au feu en face. Le parc à gauche étant interdit aux vélos, poursuivre sur la rue et à la patte d'oie, aller à gauche. Prendre à nouveau à gauche au carrefour, rue du parc, et une troisième fois à gauche, rue du Soleil Levant. Au bout, se diriger vers la droite, rue de l'église, et monter jusqu'en haut.

(1 : 105 m - 2,2 km) La rue devient chemin. Devant le pylône, prendre la deuxième à droite, à travers champs, en direction des lignes électriques. Prendre la deuxième à droite juste avant les lignes haute tension, laisser le chemin de droite, et descendre jusqu'à la route. Se diriger vers la droite, puis tout de suite vers la gauche, en montée. Prendre à gauche aux deux croisements suivants. Entrer dans le bois, prendre le deuxième sentier en partant de la gauche, à la fourche à gauche, puis en face. Virer à gauche avant la route avant de la traverser. Entrer dans le bois sur la gauche derrière les blocs, et suivre le sentier en descente. Au bout, aller à droite, puis à gauche à la fourche, pour aboutir à la route.

(2 : 163 m - 8 km) Suivre la route vers la gauche en descente, et juste avant le panneau de signalisation à droite sur la sente. Au croisement, prendre le deuxième sentier en partant de la droite qui monte. Prendre à gauche les deux fois suivantes et poursuivre la montée. Après le carrefour, la sente sur la gauche permet d'éviter les flaques éventuelles. Revenir sur le chemin principal. Il descend jusqu'au carrefour suivant. Tourner à gauche, et poursuivre jusqu'à sortir du bois. Se diriger alors à droite, en montée. Laisser le chemin de gauche, descendre, puis prendre en face à l'intersection. Longer le bois avant de partir sur la droite en montée.

(3 : 150 m - 13 km) À la départementale, prendre à droite, puis en haut de la montée, entrer dans le bois par le chemin à gauche. Le chemin descend avant d'aboutir à la route : la suivre à droite, puis emprunter le chemin agricole à gauche. Celui-ci longe le bois de Sailly en descente, avant d'y entrer. Au croisement, prendre à droite, longer le golf. Le chemin descend puis remonte jusqu'à la route : la traverser et prendre la troisième à gauche en descente. Laisser le chemin de gauche.

(4 : 93 m - 19 km) Le chemin devient rue. Au bout, descendre sur la gauche, rue du Pont Madame. Prendre à gauche, rue de la Fontaine Marie. Longer le mur et abouti devant l'étang : le contourner par la droite, puis remonter sur la droite vers la route. La suivre à droite, et prendre tout de suite à gauche, rue de la Cave aux Fées (balisage

jaune). Prendre à gauche à la fourche, en montée. Au niveau du bosquet, sur la gauche, se présente la Cave aux Fées, une allée sépulcrale. En haut, prendre à droite, puis tout droit. Traverser les deux routes qui suivent pour continuer, chemin des Plaines. Au bout, aller à droite, et tout droit aux trois intersections. Dans la descente, à la fourche, prendre à droite sur le chemin herbeux, près du relais téléphonique. Laisser le chemin de droite, et se diriger vers la D43 : la suivre à droite jusqu'au stop.

(5 : 36 m - 25,8 km) Traverser la D913 et poursuivre en montée sur le chemin agricole. Au croisement, poursuivre en face. Le chemin tourne à gauche avant les lignes électriques. Aller à droite en arrivant au bout, puis en face. Au croisement, prendre à gauche, puis tout de suite à droite sur le GR (balisage rouge et blanc). Franchir l'intersection, puis à la suivante, faire un droite-gauche en direction du bois. Y entrer, prendre à gauche à la fourche, au bout à droite, puis à gauche à la patte d'oie. Emprunter le chemin de droite, puis prendre à gauche aux trois croisements suivants. Aller à gauche au croisement pour suivre le GR, puis à droite à l'intersection, chemin de Saint Laurent. Prendre à droite à la fourche, puis en face à la suivante. Aboutir sur une route : la suivre sur la gauche, en descente. Emprunter le chemin Dit des Granges à droite, puis devant les habitations, prendre à gauche sur le chemin herbeux. Prendre à droite à l'intersection, puis la troisième à gauche pour remonter. Traverser la rue et poursuivre sur le chemin agricole. Au bout, prendre à gauche, passer la barrière métallique. Poursuivre tout droit, prendre à droite devant l'église, puis en face, ruelle des Moulins. Poursuivre tout droit aux deux intersections suivantes. Aller au fond du parking, rue Jean Lemaire. Prendre à droite, puis au bout à gauche. Au feu, poursuivre en face, puis au deuxième rond-point, prendre à droite, et tout de suite à gauche pour un retour au départ.

l'environnement et la propriété privée (cf p22)

11. À L'OUEST DE CERGY

V3

Distance	**34 KM**	D+/D-	**460 M**
Durée	**3H00**	Difficulté	**V3**

Aux portes de Paris, voici un parcours qui débute le long de l'Oise pour une mise en jambe avant de se poursuivre en forêt. Pas de réelle difficulté pour ce circuit très agréable et roulant.

Itinéraire

(99 m) Départ depuis le parking du complexe sportif de Gency, rue du Pampre d'Or. À la sortie du parking, aller à gauche, puis à droite, chemin de l'Ivraie. Rouler tout droit et franchir les marches. En bas, traverser le chemin, et continuer de descendre dans le parc. Aller à droite aux deux fourches suivantes, puis à gauche à la troisième.

(1 : 36 m - 0,7 km) Traverser la route et franchir le mur à droite par l'ouverture. Descendre jusqu'à atteindre l'Oise. Longer la rivière et franchir à nouveau le mur. Par la porte. Traverser le pré, et aller à droite (le chemin en face est réservé aux pécheurs et aux techniciens de la navigation fluviale). Aller à gauche sur la route. Lorsque celle-ci tourne à droite, prendre à gauche entre les maisons pour revenir vers l'Oise, puis à droite. Traverser le terrain de foot, franchir le pont. Ignorer les deux chemins de droite. En arrivant à la route, poursuivre en face pour entrer dans le parc. Rester le long de la rivière et sortir du parc. Poursuivre tout droit au deux intersections suivantes. Passer sous le pont.

(2 : 25 m - 4,5 km) Après avoir franchi le pont, aller à droite. Au stop, prendre à droite, puis tout de suite à gauche sur la piste cyclable. Traverser la rue et poursuivre, rue de Vincourt. Poursuivre en face, rue de Boile. Dans la montée, tourner à gauche (balisage jaune du PR), continuer tout droit aux deux intersections suivantes, puis prendre à droite à la troisième, rue des Vignes (balisage jaune). Le chemin monte. A la sortie du bois, prendre au fond du pré à gauche en descente. A la fourche, prendre à droite à la même altitude, et en face au croisement. Traverser le chemin, monter la bute, traverser le bosquet, et aboutir sur un chemin agricole : le suivre sur la droite. Prendre la deuxième à gauche pour poursuivre à travers champs. Au croisement, prendre en face derrière la barrière (balisage jaune et rouge).

(3 : 115 m – 7,9 km) Entrer dans le bois, prendre à gauche à l'intersection, puis à droite à la patte d'oie. Le chemin grimpe. Franchir le carrefour, et aller à droite les

deux fois suivantes. Prendre à gauche derrière la barrière en bois. Laisser le chemin de droite. À la route, aller à droite, traverser la D22, et poursuivre en face. Franchir les blocs de pierres pour rouler sur le sentier. Continuer tout droit au croisement, puis au suivant, prendre le deuxième chemin à droite en descente. Prendre à gauche à la patte d'oie, et franchir le ru. Aboutir sur le chemin : le suivre à gauche. Traverser la route, franchir la barrière, et continuer à droite à l'embranchement. Traverser le croisement, et au suivant, suivre le deuxième chemin en descente en partant de la gauche. Poursuivre tout droit à l'intersection, puis prendre à droite au bout. Ignorer le sentier venant de gauche, et celui venant de droite. Prendre à droite derrière la barrière métallique et rester sur le chemin principal. Devant le hangar, le chemin part à gauche en descente : ne pas le suivre mais aller à droite en montée. Prendre à gauche aux deux intersections, à droite à la suivante, puis à gauche. Se diriger à gauche à la patte d'oie, en descente. Prendre deux fois à droite, puis tout droit. Passer la barrière métallique et monter. Aller à gauche à l'embranchement. La sente tourne à gauche, puis devient un chemin caillouteux, et descend. Au bout, prendre à droite en montée, franchir la barrière en bois, et poursuivre sur le chemin de terre jusqu'à la D17.

(4 : 130 m - 16 km) Traverser la route. Le chemin devient rue. Longer le tennis, poursuivre tout droit à l'intersection suivante, puis prendre à droite. Au stop, franchir la D922 pour rouler sur la sente dans le bois. A la patte d'oie, prendre à gauche en descente. Sortir du bois et aller à gauche en montant. Rentrer à nouveau dans le bois, et tourner à droite à l'intersection. Prendre à nouveau à droite, puis tout de suite à

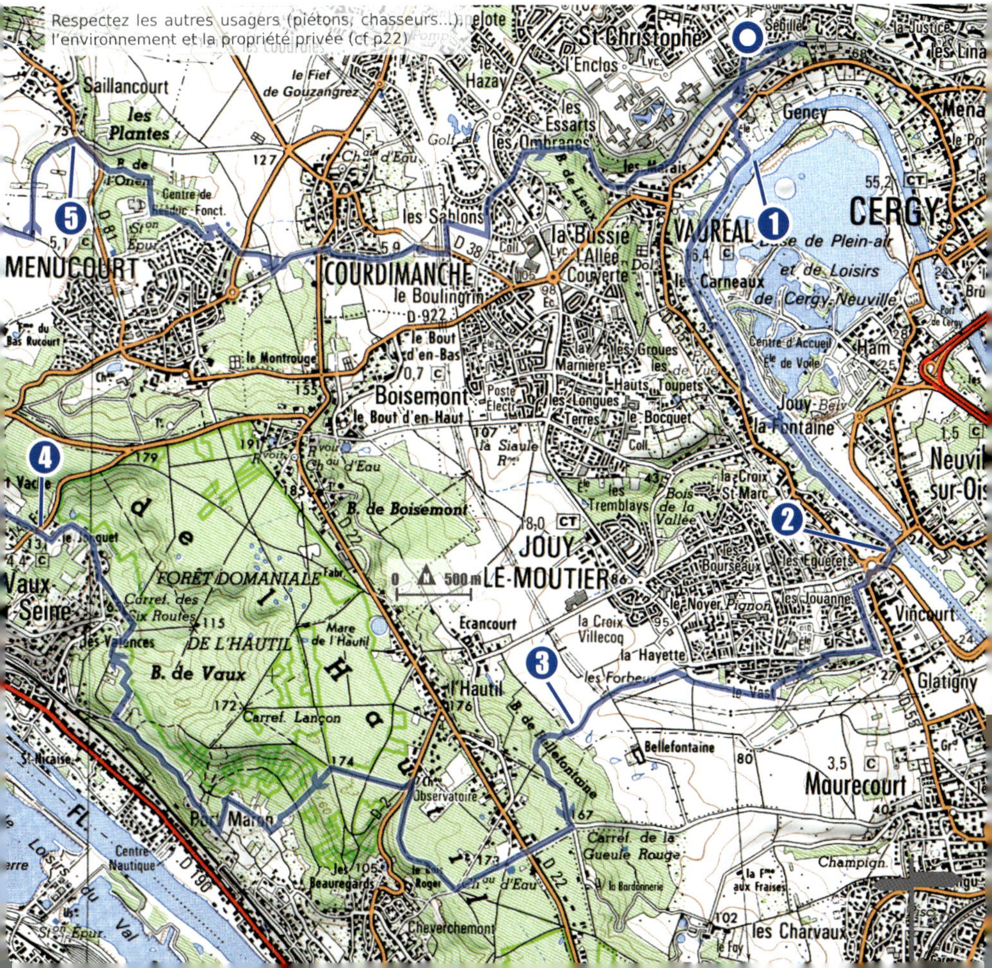

gauche. Prendre la troisième à droite en descente. Rouler sur le troisième chemin à gauche. Poursuivre tout droit aux deux intersections suivantes, sortir du bois, et longer les champs. Le chemin devient rue d'Evesquemont. Prendre à droite au carrefour (GR rouge et blanc), puis en face. Entrer dans le bois : la rue devient chemin. À la sortie du bois, prendre le chemin agricole qui monte à droite à travers champs. Rester sur le chemin principal qui tourne à droite. A la sortie du bois, prendre à gauche (le chemin à droite permet d'avoir une vue plongeante sur le château de Villette), puis à nouveau à gauche en descente. Aller sur la gauche, puis sur la droite. Traverser le bout de bois et continuer en face (fin du GR). Aboutir sur un chemin : le suivre à droite. Prendre à gauche à l'embranchement, puis à nouveau à gauche sur le chemin herbeux. Poursuivre à travers champs. Prendre à gauche à la fourche pour longer le bois. Y entrer en descendant.

(5 : 76 m - 26,4 km) À la route, aller à droite. Avant le virage, prendre à gauche dans le bois, passer la butte, se diriger à gauche puis à droite en montée. En haut, prendre à gauche, puis la deuxième à droite le long du grillage. Les deux fois suivantes, prendre à gauche, et sortir du bois. Rouler vers la gauche sur le chemin en herbe, laisser la sente à gauche, traverser le croisement et tourner à gauche pour longer le grillage. Traverser la route sur la sente (attention elle est peu visible). Prendre à droite, jusqu'à la route : la suivre vers la gauche, franchir le rond-point et prendre la deuxième à droite, rue du Maréchal Leclerc. Poursuivre tout droit aux deux intersections suivantes, franchir la barrière, puis prendre à droite sur la piste cyclable. À la fin de celle-ci, prendre à gauche le long des terrains de sport, puis à droite pour continuer à longer le grillage. Prendre à gauche au rond-point, puis tout droit au suivant, et tout droit aux deux intersections suivantes. Franchir la barrière, et continuer sur le chemin de terre. Au niveau de l'aire de jeux, se diriger vers le chemin dans le bois en contrebas. Le descendre puis prendre à droite à la route. Entre le cours de tennis et le pont, tourner à gauche en montant. Prendre de nouveau à gauche, et rester sur l'ancienne voie de chemin de fer. En arrivant sur la route goudronnée, en haut du parc du départ, suivre le balisage jaune en face sur le chemin. Devant le terrain de sport, aller à gauche, puis au bout à droite dans la rue. Au stop, prendre à gauche pour un retour au point de départ.

SOUTH PARK

12. MAGNY EN VEXIN

V3+

Distance **47 KM** D+/D- **360 M**
Durée **3H30** Difficulté **V3+**

Pour cette sortie, vous aurez les ingrédients du Vexin : bois, chemins, singles techniques et parfois boue ! Tout ce qu'il faut pour se faire plaisir et découvrir la région au coeur. Attention, dans le haut du bois de Galluis, les chemins sont très abimés en raison de parcours pour 4X4.

Itinéraire

Carte : voir pages suivantes

(67 m) Départ du parking après l'église, rue Saint Sauveur, à Magny-en-Vexin. Prendre le chemin entre les arbres, le long du mur. Passer derrière la barrière et se diriger à gauche devant le lavoir. Au bout, traverser la rue et passer derrière la barrière métallique, boulevard des Ursulines (balisage jaune). Laisser la rue à gauche et aller sur le parking à droite. Se diriger au fond à gauche sur le chemin, longer le grillage et continuer tout droit jusqu'au parc. Traverser le pont, le parc et franchir la barrière. Passer sous le pont.

(1 : 64 m - 1 km) Laisser la route à droite et continuer tout droit. À la fourche, se diriger à droite puis au croisement, en face. Le sentier aboutit sur un chemin : le suivre à gauche en descente, et à l'intersection, prendre à nouveau à gauche. En arrivant sur la D86, aller à droite. À gauche à l'intersection, direction Genainville. À l'entrée du lieu-dit «Le Vieux Moulin», prendre le chemin à gauche. Au bout, aller à droite puis continuer sur la route. Traverser le carrefour pour continuer rue Porcheron, laisser la rue à droite et aller en face, chemin de Pontoise. Prendre à gauche à la fourche, puis à nouveau à gauche au croisement pour longer le grillage (balisage rouge et blanc du GR). Prendre à droite à la patte d'oie, franchir la barrière métallique et prendre à droite à l'intersection. Sortir du bois et continuer tout droit jusqu'à la route. Tourner alors à droite et monter en direction du village. Prendre la deuxième à droite, puis à gauche, chemin du Tertre. Laisser la rue à gauche. La rue devient chemin : continuer jusqu'au lavoir.

(2 : 159 m - 11,4 km) Poursuivre en face en montant derrière la barrière en bois. Prendre à gauche au croisement, et poursuivre tout droit jusqu'à la route. La suivre sur la gauche, passer devant l'antenne et suivre le balisage jaune à droite. Contourner l'antenne puis aller à gauche. Traverser le pré, à gauche le long du mur, puis à droite sur la sente après le château d'eau. Aller à gauche à la patte d'oie. Atteindre le chemin : le suivre à droite en descente. Lorsque celui-ci tourne à droite, prendre la sente à gauche. À droite, atteindre le chemin : le descendre, sortir du bois et remonter, Rentrer dans le bois, avant de descendre à nouveau et d'en ressortir. Le chemin devient rue. À l'intersection, aller à gauche puis à nouveau à gauche à la suivante, rue Boulangère. Laisser le chemin en face et suivre la rue sur la droite, prendre à gauche à la

fourche, puis à droite. Traverser la D983 et prendre le chemin agricole à droite (balisage jaune). Il descend et remonte et aboutit sur un autre chemin. Aller alors à gauche, puis à nouveau à gauche à l'intersection suivante.

(3 : 147 m - 19,1 km) Arrivé sur la route, prendre à droite, à nouveau à droite à la fourche. La rue devient chemin en entrant dans le bois. Laisser le chemin de gauche, descendre et tourner à gauche à la fourche. Au croisement, aller à gauche, puis à droite à la patte d'oie. Le chemin descend avant de remonter. Sortir du bois et le longer sur la droite. Au stop, poursuivre en face. Laisser la sente à gauche. Lorsque la rue tourne à droite, poursuivre en face sur le chemin. Entrer dans le bois, prendre tout droit au croisement, en montée, puis à droite à la fourche, derrière la barrière en bois. Prendre la deuxième à gauche, en face à l'intersection, puis à droite. Au croisement, prendre le deuxième chemin en partant de la droite. Prendre la deuxième à gauche, laisser le chemin de gauche, puis à la fourche aller à gauche. À l'intersection, prendre le chemin en face, laisser les deux chemins de droite puis les deux de gauche. Prendre à droite à la patte d'oie, puis au bout, descendre à droite. Franchir la barrière et se diriger à droite toujours en descente. En face au croisement, passer à nouveau la barrière et aller en face au croisement (balisage jaune). Le chemin remonte. Tourner à droite sur la sente et à la fourche, aller à gauche. Sortir du bois, laisser le chemin à droite et longer le bois à la patte d'oie à gauche. Rentrer dans le bois et franchir la barrière à gauche. Prendre le quatrième chemin à droite en descente, puis le deuxième à gauche. Tourner à droite à la fourche, sur le chemin principal (balisage jaune). Au bout se diriger à droite en descente, sortir du bois et passer la barrière. Le chemin longe le bois avant de devenir rue.

(4 : 98 m - 29,2 km) Traverser la D81 et continuer, rue des Prés. Prendre à gauche à la fourche, puis à nouveau à gauche, rue du Marché. Prendre la troisième à gauche devant le lavoir, à gauche à la patte d'oie, puis à droite en montée sur le chemin herbeux. En haut aller à gauche sur le chemin agricole. À l'intersection, tourner à droite, en montée. Suivre la route sur la gauche, entrer dans le bois et emprunter le chemin à gauche qui longe la route. Laisser la sente à gauche et au bout, tourner à gauche, rue des Faubourgs. Au croisement, prendre à gauche. Lorsque la route tourne à gauche, poursuivre en face sur le chemin. Aller à droite au croisement sur la sente en entrant dans le bois. Poursuivre en face jusqu'à la route, la traverser, longer les cours de tennis et le terrain de foot. Atteindre la route : la traverser et poursuivre sur le chemin. Au bout, aller à gauche. Au croisement, prendre en face à droite pour longer la ligne électrique. Laisser le chemin à droite, passer la barrière, et longer le bois sur la gauche. Au fond du champ, prendre la sente qui entre dans le bois, aller à droite aux deux intersections suivantes, puis tout droit jusqu'à la sortie du bois, derrière la barrière.

(5 : 145 m - 36,7 km) Suivre la route à gauche, puis prendre à droite à la fourche. Prendre le deuxième chemin à droite, en montée. Atteindre la route : aller à droite, puis à gauche. À la patte d'oie, prendre à droite. Le chemin monte et devient rue. Au croisement, poursuivre en face jusqu'au rond-point. Tourner à gauche pour passer sur le pont et prendre en face au croisement. Aller à gauche sur le chemin agricole. Il longe la D14. Au croisement, tourner à droite sur le chemin herbeux puis à gauche à l'intersection. Poursuivre en face au carrefour suivant et tourner à gauche au bout. À l'intersection suivante, aller à droite. Laisser le chemin de droite, traverser le bois et continuer tout droit à l'intersection. Le chemin devient rue. Continuer tout droit, rue du Village, puis rue Eugène Blouin. Prendre à droite à l'intersection, laisser la rue à gauche, traverser les deux carrefours puis au troisième, tourner à gauche, rue de Beauvais. Prendre la première à droite, puis à gauche. Tourner à droite et à nouveau à droite pour un retour au parking de départ.

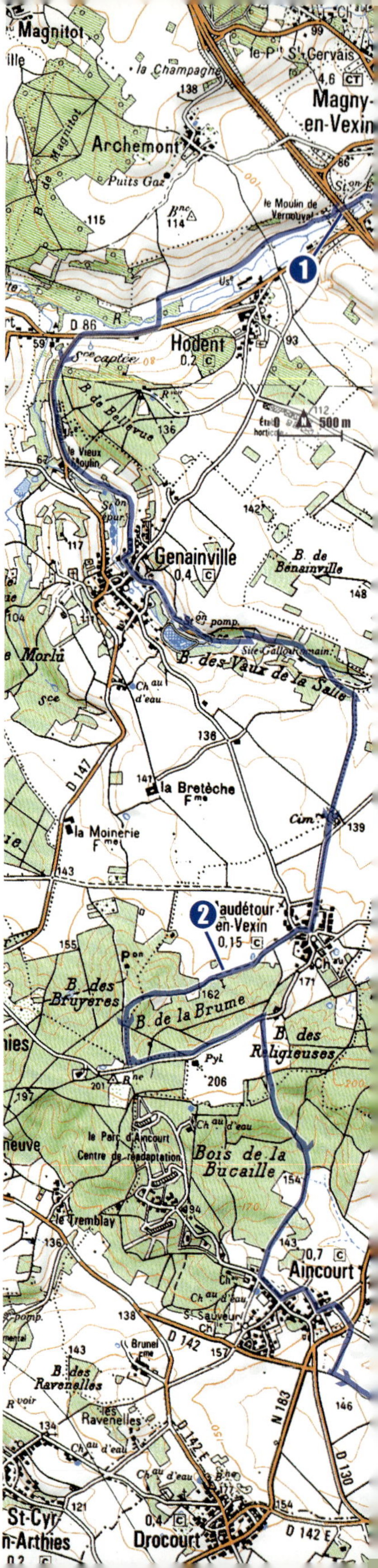

Respectez les autres usagers (piétons, chasseurs...), l'environnement et la propriété privée (cf p22)

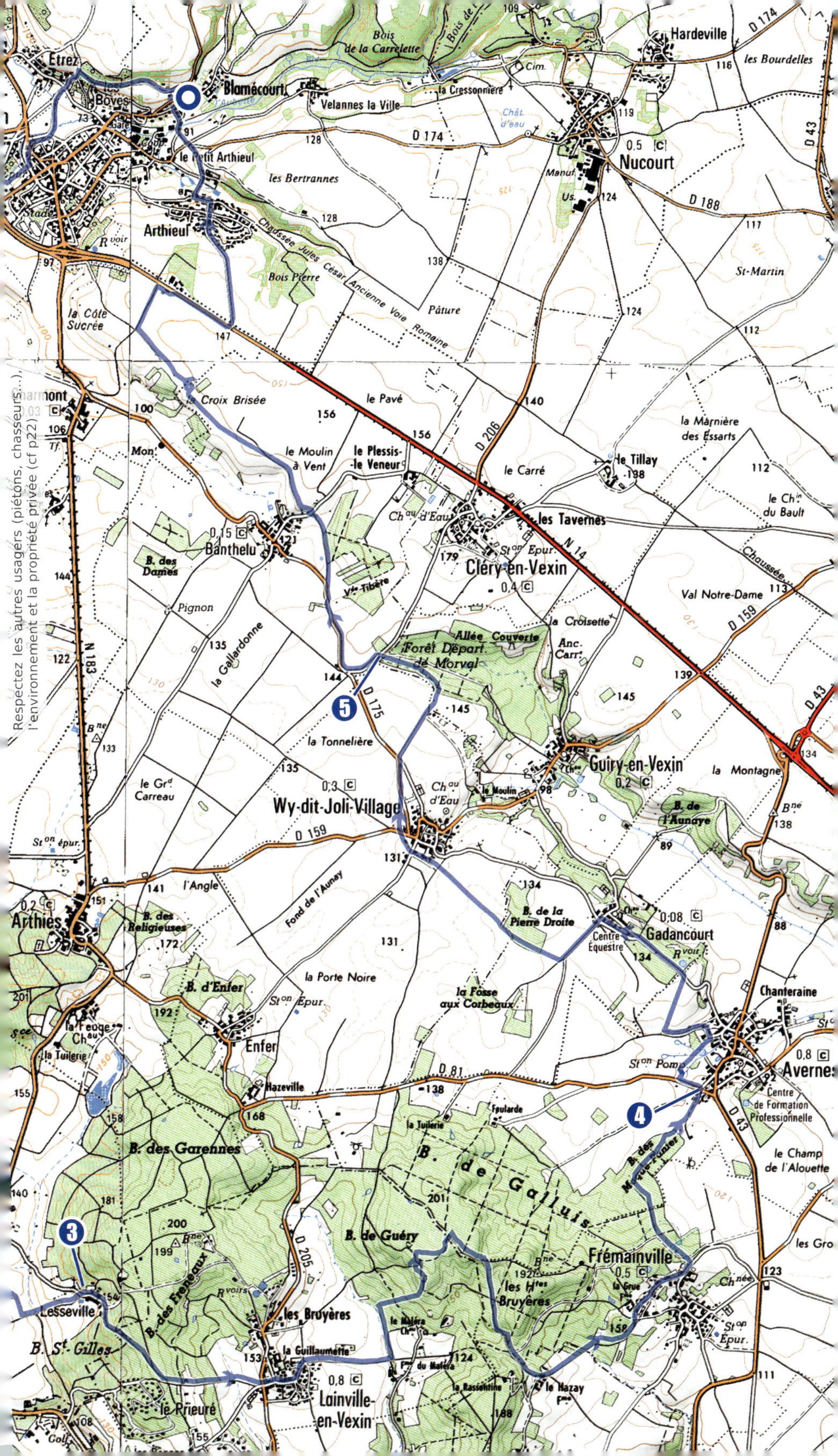

13. GRISY-LES-PLÂTRES

V3+

Distance **35 KM** D+/D- **340 M**
Durée **3H00** Difficulté **V3+**

Au cours de cette sortie, vous profiterez de très belles descentes dans les différents bois traversés. Une jolie sortie au cours de laquelle les vélos seront sollicités par des terrains très variés. Terre, cailloux et sable sont au rendez-vous !

Itinéraire

(152 m) Départ place du Soleil Levant, à Grisy-les-Plâtres. Suivre la direction de L'Isle Adam, puis tourner la deuxième à gauche, en direction du camping des Marais. Au carrefour, aller en face, et à gauche à la fourche, pour profiter de la descente. Entrer dans le bois. Le chemin remonte. Le suivre à gauche à la patte d'oie, et redescendre. Prendre à nouveau à gauche, puis en bas, en arrivant sur le chemin, tourner à gauche. Rouler tout droit jusqu'à la route. Au bout, prendre à droite, traverser le ru et monter dans le bois. Traverser le carrefour. À la sortie du bois, faire un gauche-droite, longer le bosquet, et poursuivre à travers champs. Descendre à gauche dans le bois pour atteindre la route.

(1 : 75 m - 4,5 km) En atteignant la route, aller à droite et au croisement, monter en face, rue d'Ousette. Traverser le croisement, poursuivre sur le chemin derrière la barrière en métal et aux deux intersections suivantes, prendre à droite. Longer le bois, laisser le chemin de droite. Passer la barrière et rouler vers la gauche sur la route. Juste après le bosquet, prendre à droite. Poursuivre à travers champs. En franchissant à nouveau une barrière, suivre la sente à gauche et entrer dans le bois. Descendre le deuxième chemin à droite. Rouler en face aux deux intersections suivantes. Le chemin devient rue. Monter à gauche la voie sans issue, rue de la Croix. Entrer dans le bois. En sortir, et continuer tout droit aux deux intersections. Entrer à nouveau dans le bois pour descendre et remonter. Au bout, prendre à droite sur le chemin, jusqu'à la route.

(2 : 107 m - 12,2 km) Prendre à droite à la route, puis à gauche au croisement. 100 mètres plus loin, emprunter le chemin agricole à droite (balisage rouge et blanc du GR). Prendre la première à droite, traverser la route, et continuer sur le chemin balisé en jaune du PR. Profiter de la descente jusqu'à aboutir rue de la Garenne : la suivre vers la gauche. À la fourche, prendre à gauche, rue du Carouge, puis à droite, rue d'Heurcourt. Continuer à gauche en montée. Juste après l'église, monter le chemin à gauche. Tourner à droite à la patte d'oie, devant le réservoir, puis à gauche pour poursuivre à travers champs. Atteindre le bois, prendre la sente à gauche, et à la sortie du bois, prendre à droite jusqu'à la D22. La suivre à gauche, puis prendre la rue à droite. Poursuivre tout droit dans le hameau de Quoniam, puis juste après le panneau de Rayon, aller à droite derrière la barrière. Monter le chemin agricole, laisser le chemin de gauche, et poursuivre jusqu'à la route.

LE VEXIN

(3 : 167 m - 20,1 km) Traverser la route, monter chemin du Rosne. A la fourche, prendre à droite. Laisser les deux chemins de droite, puis poursuivre tout droit au carrefour. Laisser les deux chemins de gauche et profiter de la descente. Au bout, suivre le chemin à droite (balisage jaune), passer la barrière, puis la route, pour continuer en face. Rouler en face au croisement et monter. Profiter de la descente, sortir du bois, puis au croisement, prendre à gauche. Ne pas s'occuper des deux chemins de gauche, traverser le bois puis prendre le chemin à gauche et le suivre jusqu'à la D188.

(4 : 160 m - 26,6 km) Traverser la route, monter, et au bout, prendre à gauche. Devant le réservoir, prendre à droite la sente en descente. Elle sillonne à travers bois. Au croisement, monter en face, puis prendre à droite au bout. Descendre le chemin, tourner à gauche entre les grillages, puis à droite aux deux fourches suivantes. Monter le chemin à gauche, puis aller à droite le long de la barrière. En atteignant la route, traverser le carrefour et continuer sur la route en face. 200 mètres plus loin, emprunter le chemin balisé en jaune derrière la barrière en bois. Tourner à droite à la patte d'oie. Laisser le chemin de droite, et prendre au carrefour suivant à droite. Continuer à gauche aux deux intersections suivantes, puis à droite (balisage rouge et blanc du GR). Passer devant la cabane forestière et continuer jusqu'à la route. Rentrer dans le bois à droite, en descente, puis au bout, suivre la sente à droite. Passer les quatre rus et prendre la sente à gauche. Au bout à droite, laisser le chemin de droite, puis partir à gauche.

(5 : 119 m - 31,9 km) Atteindre la route, la traverser et continuer au travers du bosquet. Traverser la D190, rouler sur le chemin balisé en jaune jusqu'à la D64. La suivre à droite, longer le bois. Au stop, prendre à droite pour un retour au point de départ.

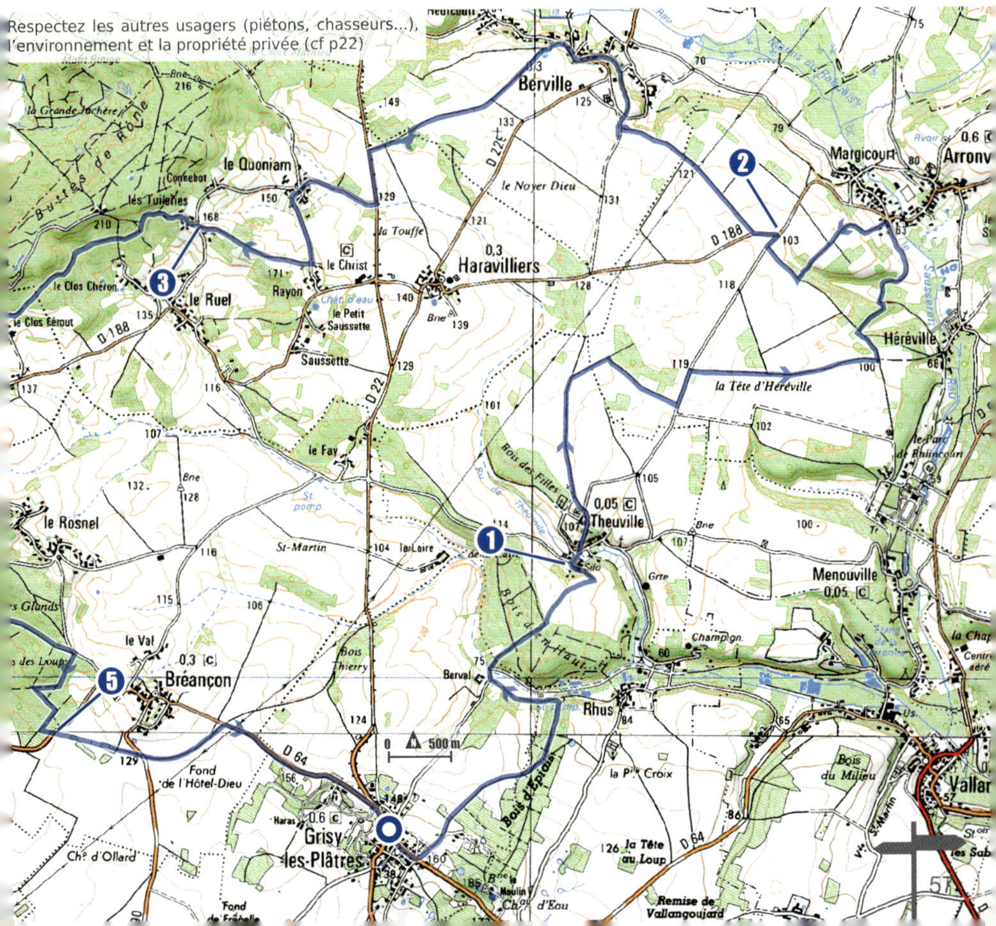

14. PARMAIN

V3+

Distance	**31 KM**	D+/D-	**300 M**
Durée	**2H30**	Difficulté	**V3+**

Cette jolie boucle alterne bois et plaines où les rus de Sausseron, de Jouy, de Frouville et d'Hédouville ont dessiné de larges vallées. En passant d'un coteau à l'autre, vous profiterez de belles descentes pour aboutir au bois de la Tour du Lay. Les amateurs pourront profiter des chemins terreux. Attention, ils ne sont pas tous accessibles car parfois privés, notamment au sud du bois.

Itinéraire

(30 m) Départ sur le parking de la gare de Parmain. Prendre la rue Guichard, à gauche de la mairie, en montée. Au bout de la rue, tourner à gauche, rue du Maréchal Foch, puis à droite devant l'église, rue de Nesle la Vallée. Bifurquer dans la troisième rue à gauche, rue du Lieutenant Guilbert (balisage jaune).

(1 : 85 m - 1 km) La rue devient un chemin de terre. Entrer dans le bois. En sortie, à la fourche, prendre à droite et longer le centre équestre. Traverser la route d'accès au centre et continuer de le longer. Ignorer le sentier qui part à droite, traverser le champ, et rentrer à nouveau dans le bois. Devant les barbelés, tourner à droite et descendre le sentier. Arrivé sur le chemin, prendre à droite, puis 30 m plus loin à gauche sur le sentier en descente. Aboutir chemin du Pont de la Rue Dorée. Au carrefour, prendre tout droit, rue Dorée. Après les deux cours d'eau, tourner à droite sur le chemin en suivant le balisage jaune Λ5. Traverser la rue à l'intersection suivante et passer la barrière en bois. Continuer, allée Yvonne et Irène Vandenbussche. Au carrefour, poursuivre tout droit. Aboutir sur un carrefour routier.

(2 : 38 m – 4,6 km) Prendre à gauche sur la D151 en direction de Valmondois puis, 50 mètres plus loin à droite, chemin de la Vallée Qué. Il monte à travers bois. Sortir de celui-ci, puis à l'embranchement, tourner à droite. Descendre jusqu'à la route et prendre à gauche. Continuer tout droit jusqu'à arriver à la départementale 79. Suivre la direction « Pontoise » à gauche et monter la côte. En haut, tourner à droite vers le stade, chemin de la Rochebaude. La rue devient un chemin. À l'intersection suivante, continuer tout droit en direction des lignes à haute tension. En face de la

Croix Bastide, prendre à droite, passer sous les lignes électriques. Le chemin descend. Virer à droite au carrefour. Dans la descente, une rue se présente à gauche (chemin de Paris). La prendre et poursuivre la descente. Au carrefour de la D64, traverser et rouler, rue de l'Ancienne Gare, puis la deuxième à droite, rue du Parc. À l'intersection tourner à droite puis à gauche à l'intersection. Sortir du village par la première rue à gauche, route de Frouville.

(3 : 56 m – 10,4 km) Avant la descente, emprunter le chemin qui monte à gauche. Poursuivre tout droit au carrefour suivant. Ignorer le chemin de terre à gauche et poursuivre sur le principal. Tourner à la première à droite, puis à nouveau à droite à l'embranchement. Arriver sur une route goudronnée : la descendre. Lorsque la route tourne

Monument : *Le château d'Auvers (ou de Lany) ainsi que le village furent immortalisés dans les peintures de Pissaro, Cézanne et même Van Gogh. Il propose au public un spectacle permanent tourné autour de l'impressionnisme ainsi que des expositions temporaires.*

à droite, prendre tout droit sur le chemin dans le bois. À la sortie, derrière la barrière métallique, virer à droite sur la route. Passer devant le manoir. Au bout de la rue, tourner à droite, puis prendre la première à gauche et monter le chemin de la Garenne. En tournant à droite, il devient un chemin de terre. Traverser le carrefour et aboutir sur un autre chemin : le prendre à droite, puis immédiatement à gauche pour longer le bois. Ignorer le sentier qui part à droite et poursuivre tout droit. Rentrer dans le bois et descendre un superbe single. Aboutir sur un carrefour, à l'entrée de Hédouville.

(4 : 60 m - 16 km) Traverser le carrefour, direction « Ronquerolle ». Tourner à droite après l'église, Grande Rue, puis à gauche, chemin des Grosses Pierres. 30 mètres plus loin, avant le panneau cul-de-sac, bifurquer sur le sentier qui grimpe à gauche dans le bois. En haut, sortir du bois. Au croisement, se diriger vers le chemin à gauche qui part à travers champs. Emprunter le deuxième chemin de terre à gauche au milieu de la plaine, et prendre à gauche au bout. Aboutir sur une route goudronnée : prendre à droite et monter la côte. Sur la droite se trouve une maison forestière. Juste devant se situe un sentier, derrière des pierres. : l'emprunter et continuer jusqu'au premier croisement. Se diriger à gauche. Au carrefour suivant, entre le chemin en face et celui de droite se trouve un petit sentier : s'y engager et descendre. Poursuivre à gauche au croisement suivant, sur le sentier qui remonte. Il aboutit sur une route goudronnée : la traverser et continuer sur le sentier. Devant la chaîne, au croisement, virer à droite, puis à nouveau à droite devant le grillage qui se présente devant. Prendre à gauche, continuer à longer le grillage et le garder à main gauche. Le chemin de droite est privé, donc on ne peut pas l'emprunter. En arrivant sur le chemin, le suivre à droite (balisage jaune). Un carrefour se présente : tourner à gauche. À la fourche, le chemin de gauche permet d'éviter les ornières. Continuer tout droit. Le chemin tourne à gauche, puis à droite. Prendre à gauche à la sortie du bois, à travers champs. Passer sous les lignes électriques, et poursuivre tout droit à l'intersection en descente. Prendre à gauche à l'embranchement, passer la barrière et tourner immédiatement à gauche. Lorsque le chemin tourne à droite, prendre le sentier en face. Il ramène sur le chemin qu'on vient de quitter en évitant une parcelle privée. Continuer à descendre jusqu'à la route.

(5 : 45 m – 25,8 km) Aboutir sur la route et la suivre vers la droite, puis prendre à nouveau à droite, rue de Vaux, passer le Ruisseau du Marais de Vaux. Au carrefour, emprunter la rue devant, chemin du Chêne Conti. Un chemin à gauche se présente alors : l'emprunter en montant. Continuer tout droit à l'intersection, direction Clos du Colombier. Prendre à gauche le long du grillage, puis tout droit sur le balisage rouge et blanc du GR1. Continuer en face à la fourche à travers champs. Prendre la deuxième à gauche (fin du GR1). Au carrefour, virer à gauche et débuter la descente vers Parmain. Le chemin devient une route goudronnée. Ignorer la rue à gauche. À la fin de la rue, virer à gauche, rue de Nesle la Vallée, puis au stop à droite, rue du Maréchal Foch. 200 mètres plus loin, prendre à gauche, ruelle du Petit Saint Jean. Au bout de la ruelle, tourner à gauche le long de la voie ferrée, traverser le carrefour au feu vers la gare puis retourner au parking de départ.

SONORA
STEVENS

15. LÀ HAUT SUR LA COLLINE

V3+

Distance **28 KM** D+/D- **340 M**
Durée **2H30** Difficulté **V3+**

Poursuivez votre découverte grâce à ce deuxième parcours dans le secteur, essentiellement en forêt. Nombreuses sont les possibilités offertes : montées, descentes, singles, larges chemins, bref un large panel de possibilités. Plusieurs lieux remarquables sont à voir tels que le château de la Chasse ou la tour du Plumet.

Itinéraire

(89 m) Départ du parking de la gare de Taverny. Prendre à droite, puis à gauche, rue du Départ. Au stop, prendre à droite, rue du Maréchal Foch. Prendre la deuxième à gauche, rue Jean Nicoli, traverser le parking devant l'hôtel de ville et prendre le passage au fond du parking à droite. Il aboutit rue Gabriel Pérri : la suivre vers la gauche. Virer à droite, chemin des Saussaires, pour suivre le balisage rouge et blanc du GR. Après avoir longé le mur, en haut, prendre à gauche, contourner l'église, et prendre le chemin de terre en montée, le long du cimetière.

(1 : 127 m – 1,2 km) Suivre le balisage du GR sans se soucier des chemins à gauche et à droite. En haut, lorsque le GR part à droite, poursuivre en face entre les arbres marqués 193 et 194. Tourner à gauche à l'intersection suivante, et en face aux deux suivantes. Au croisement avec un chemin plus large venant de la droite et partant en face, partir à gauche sur la sente en descente, puis à droite en montée. Au croisement à gauche et aux deux fourches suivantes, prendre à droite. En aboutissant sur un chemin plus large, partir à droite, route du Poteau de Paradis, jusqu'au Carrefour de la Porte Paradis : virer à gauche et descendre (sentier barré d'une croix jaune). Tourner à gauche aux deux intersections suivantes, puis à droite, toujours en descente. Prendre à gauche à l'embranchement, puis en face au croisement. Le sentier tourne à droite et monte. Partir sur la gauche à la fourche, et passer sous les lignes à haute tension. Descendre à gauche à la patte-d'oie, et à nouveau à gauche à la suivante. Virer à droite aux deux embranchements suivants pour aboutir sur une route goudronnée : la remonter à droite puis. A la sortie du bois, prendre à gauche, derrière les blocs de pierres, pour longer la forêt. Aboutir sur le chemin : partir sur la gauche et poursuivre jusqu'au carrefour suivant.

(2 : 134 m - 5,7 km) Prendre à gauche au carrefour et suivre le balisage jaune. Un nouveau croisement se présente : continuer en face. Prendre à gauche à la patte-d'oie pour entrer dans le bois, et descendre. Rouler en face à l'embranchement. Sortir du bois et virer à droite à travers champ. Un chemin arrive de la gauche : poursuivre alors en face. Au carrefour, prendre à droite, puis à gauche 20 mètres plus loin. Le chemin devient sentier de terre, puis rue goudronnée. Au stop, traverser la départementale pour emprunter le sentier balisé en jaune. Après avoir passé le pont qui enjambe la N184, le chemin tourne à gauche. Au carrefour, prendre à droite, puis à gauche derrière la barrière métallique (fin du balisage). Poursuivre à gauche à la bifurcation. En arrivant au bord de la crête, aller sur la droite pour la longer avant d'entamer la descente. En bas, aboutir sur un sentier : prendre à droite. 50 mètres plus loin, prendre à gauche pour rejoindre le chemin en parallèle (le passage n'est pas très marqué). Sur ce chemin, virer à gauche, puis à droite à la fourche pour continuer sur le sentier. Plusieurs passages à droite et à gauche sont possibles, rendant le parcours plus ou moins technique. Virer à droite en aboutissant sur le

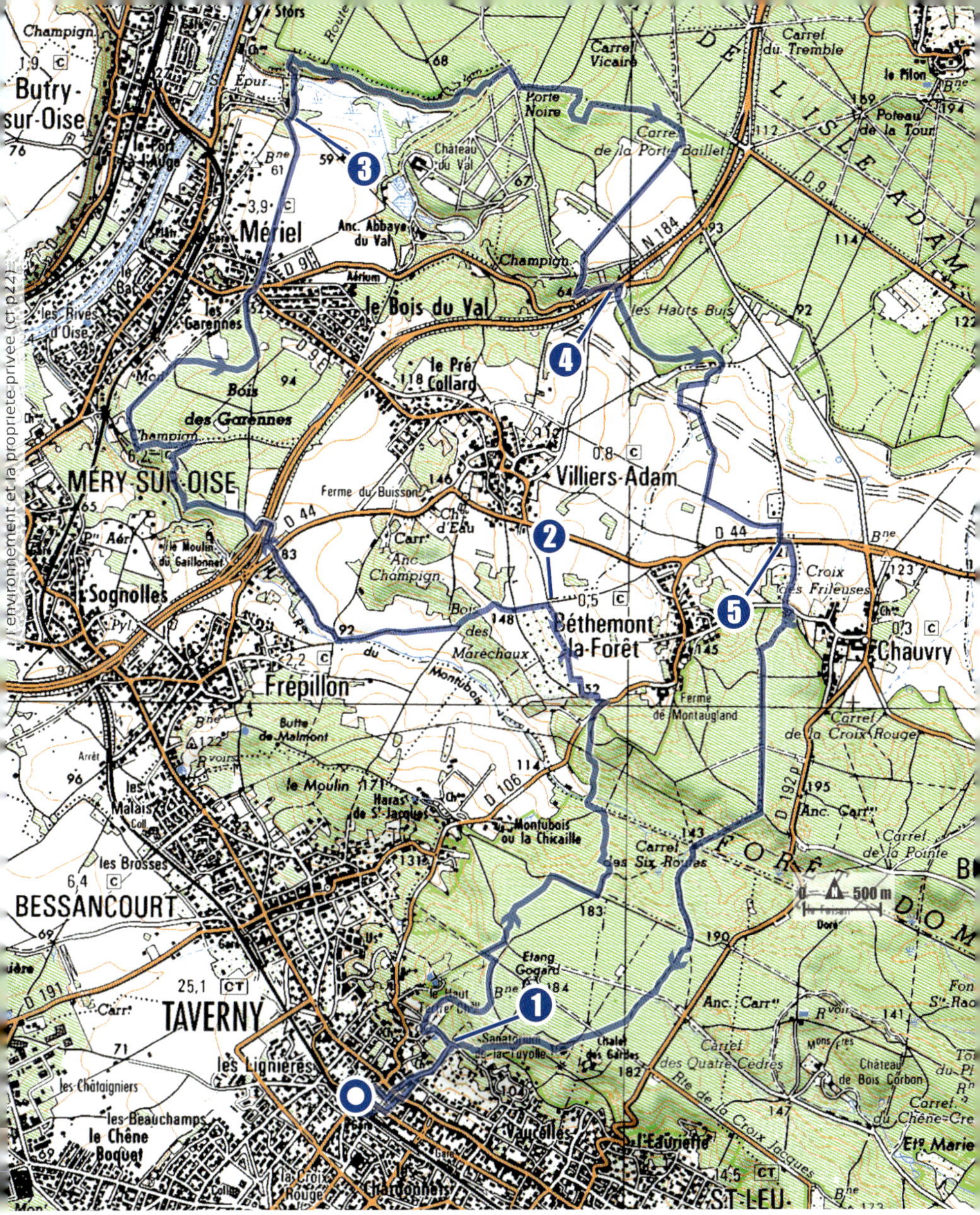

chemin, puis à nouveau à droite au croisement, pour retrouver le sentier balisé en jaune. Prendre à droite à l'intersection pour rester dans le bois, et en face au carrefour. Longer le grillage, passer le long du centre équestre, sortir du bois, et le longer. Lorsque le chemin devient une route, prendre à droite à travers le grillage en rentrant à nouveau dans le bois, et tourner immédiatement à gauche. Aux deux croisements suivants, prendre à gauche et arriver sur le chemin balisé en jaune. Passer la barrière

Histoire : *Le château de la Chasse, au cœur de la forêt de Montmorency, fut pendant longtemps utilisé comme relais de chasse avant de finir en simple ferme. Ses tours tronquées en biais, suite à la décision prise de le démolir, en font le charme.*

métallique et sortir du bois. Rouler à droite, rue de la Faisanderie. Prendre en face au feu, chemin de Paris, puis au stop en face à gauche, chemin de Paris. La rue devient chemin puis sentier et descend.

(3 : 37 m - 12,9 km) En bas du sentier, prendre à droite pour longer le grillage, puis à gauche (le chemin de droite est fermé par une barrière). Poursuivre en montant, ne pas s'occuper du sentier qui part sur la droite. Passer sous l'arche, partir à droite derrière les canisses, puis à gauche. Le sentier sillonne entre les arbres et longe les falaises de l'ancienne carrière. Continuer en face aux intersections suivantes, jusqu'à aboutir sur un large chemin forestier : prendre à droite sur le GR (balisage rouge et blanc). A la fourche, prendre à gauche, puis en face lorsque le GR tourne à gauche. Lorsque le chemin vire à gauche, emprunter le sentier qui monte sur la droite. En haut, aller sur la droite, passer la cuvette, redescendre, et partir à gauche à l'intersection. Monter sur la gauche au croisement suivant, puis à droite pour retrouver le balisage du GR. Prendre la deuxième à droite, toujours en suivant le balisage rouge et blanc. Sortir du bois. Rouler tout droit sans se préoccuper des chemins à droite et à gauche, et descendre jusqu'à la D9.

(4 : 87 m – 18,2 km) Franchir la barrière métallique, virer à gauche, passer sous la N184 puis prendre à droite. 50 mètres plus loin, prendre à gauche derrière la barrière et tout de suite à gauche le sentier en monté dans le bois. Suivre le balisage jaune. Tourner la deuxième à droite sur le GR. Au croisement à droite derrière les blocs de pierre, sortir du bois, poursuivre en face vers le bosquet. Monter dans le bois. Descendre sur la droite à la sortie du bois. Passer sous la N104 puis remonter. Au croisement, à gauche puis à droite pour arriver sur la D44.

(5 : 121 m - 21,5 km) Partir sur la gauche. 50 mètres plus loin, prendre à droite, derrière les barrières en bois, et monter le sentier. En arrivant sur la route, tourner à gauche, puis à droite en montée vers le cimetière. Franchir la barrière en bois et continuer de monter. Au croisement, prendre à droite, sentier des Lisières (balisage jaune). Arrivé en haut, prendre à gauche (fin du balisage). Rouler tout droit jusqu'à retrouver le balisage du GR au niveau de l'arbre N°12. Poursuivre tout droit jusqu'au carrefour des Six Chiens. Quatre chemins se présent : prendre le deuxième en partant de la gauche. 20 mètres plus loin, prendre à droite en descente (fin du GR). Passer sous les lignes à haute tension. A l'intersection, poursuivre tout droit. 20 mètres plus loin, prendre à gauche. Au croisement, prendre tout droit, passer la bosse et les pierres. Poursuivre la descente, franchir le ru, et remonter derrière les pierres. Aboutir au carrefour des Six Routes : prendre le deuxième chemin en partant de la gauche, à droite à la patte-d'oie, puis en face (balisage rouge et blanc). Prendre la deuxième à droite, et en face aux deux intersections suivantes. Franchir le ru, poursuivre à droite à la fourche, et traverser le chemin. Croiser la large route (route de la Croix St-Jacques), longer le grillage, puis partir sur la gauche. Au carrefour, prendre à droite, puis tout de suite à gauche en continuant de suivre le GR. Virer à gauche à la fourche, puis à droite à l'embranchement. Le chemin sillonne jusqu'à un large croisement. Prendre la sente à droite de l'arbre N°190. Continuer à droite à la fourche en descente et tout droit en croisant d'autres sentes. Au bout, virer à gauche et aboutir sur la route. Tourner à gauche, chemin des Saussaies. Au bout, prendre à droite, puis tout droit, rue Rouen des Mallets, à droite, rue Lancelot, et enfin à gauche, avenue de la Gare, pour un retour au parking de départ.

FOX

16. AUX PORTES DE L'OISE

V3+

Distance **32 KM** D+/D- **330 M**
Durée **3H00** Difficulté **V3+**

Au départ de Chambly, voici une boucle qui commence tranquillement avant d'augmenter en difficulté. Les montées et descentes deviennent techniques par endroit. Malgré tout, il n'est pas nécessaire d'être un descendeur fou pour aborder ce parcours !

Itinéraire

(40 m) Départ du parking devant le Culture Vélo, à Chambly. Avec le magasin dans le dos, prendre la sortie au fond à droite. Remonter la rue à gauche, vers le rond-point. Prendre la quatrième sortie, puis la deuxième au suivant. Au rond-point suivant, sortir à la troisième rue. Traverser la voie de chemin de fer, poursuivre tout droit jusqu'au rond-point, et prendre la deuxième sortie, avenue Aristide Briand. Continuer tout droit, jusqu'à remonter la rue Aurélien Cronnier. Passer devant l'église, puis prendre à droite, rue André Caron. Au bout, remonter la rue Émile Decourtray. Prendre tout de suite à droite, rue de la Motte, derrière les poteaux. Continuer tout droit le long du mur, longer les jardins ouvriers, et franchir le pont au-dessus du cours d'eau.

(1 : 40 m – 2,7 km) Emprunter la sente à gauche, à travers champs. Elle se dirige vers le pont : passer la passerelle (balisage jaune du PR) et poursuivre sous la D1001. Longer le terrain de foot. Emprunter le pont à gauche au-dessus de la rivière, puis prendre à droite à la patte d'oie (balisage jaune). Longer la rivière. Laisser le pont à droite, et poursuivre sur la sente qui sillonne. Traverser la route, et poursuivre derrière la barrière, dans le parc. À la sortie de celui-ci, rouler en face, rue de Champlaid. Au bout, aller à droite puis, après les habitations, à gauche sur la sente le long du mur de brique. Elle poursuit à travers champs. Atteindre une route : aller à gauche, puis tout droit, jusqu'au bout de la rue. Se diriger à gauche, puis tout de suite à droite, avant le passage à niveau, en direction du stade. Passer sous la voie de chemin de fer à gauche, et monter le long du bois. Franchir le croisement, puis prendre à droite, et tout de suite à gauche, sous l'autoroute. Rouler en face, jusqu'au stop.

(2 : 82 m – 9,6 km) Traverser le croisement en direction « Montagny la Poterie ». Continuer tout droit dans la rue en cul-de-sac. Passer devant le centre équestre. La rue devient chemin de terre, et monte dans le bois. En haut, à la patte d'oie, aller à gauche, et sortir du bois. Emprunter la sente à droite qui entre dans le bois, pour profiter de la descente. À la route, aller à gauche, puis monter en face sur le chemin caillouteux, le long de la ferme. En haut, se diriger à gauche avant la barrière, pour longer le bois un peu plus loin. À la fourche, suivre le sentier vers la droite, dans le bois. Il tourne à gauche à la sortie du bois. A l'intersection, poursuivre en face à droite à travers champs, jusqu'à la route.

(3 : 139 m – 15,2 km) Traverser la route, entrer dans le bois, et à l'intersection, prendre en face sur le chemin plus étroit. Suivre le chemin à gauche, le long du grillage, laisser le chemin venant de droite. Au croisement, poursuivre en face, en descente. Le chemin remonte. Ne pas s'occuper des chemins à droite et à gauche, jusqu'à aboutir à la route : la traverser. Au bout, aller à droite. Après le champ, derrière la barrière métallique, emprunter le chemin à droite. Suivre la sente à gauche. Elle descend et monte à plusieurs reprises. Au croisement, virer sur la deuxième à gauche (balisage jaune du PR). La sente sillonne, longe les barbelés et le grillage, pour aboutir sur la route : la suivre vers la droite.

(4 : 123 m – 19,9 km) Au croisement, devant les maisons, passer derrière la barrière en bois à gauche. Au bout, prendre à droite, et tout de suite à gauche sur la sente, en descente, derrière les blocs de pierre. A la sortie du bois, passer sous les lignes à haute tension, aller à gauche à la fourche, puis à droite au croisement. Prendre à nouveau à gauche. Atteindre une route : prendre à gauche, puis tout de suite à droite, pour longer le bois. Laisser le chemin à gauche, enter dans le bois, et aller à droite au bout, le long du grillage. Descendre le sentier à gauche. Il devient chemin. Prendre à gauche à la fourche, pour continuer à descendre. Poursuivre en face à l'intersection, devant l'entrée du château. Le chemin monte.

(5 : 73 m - 25 km) Au croisement, devant la croix, poursuivre en face. Monter la deuxième à gauche, rue des Castors. Devant l'école, emprunter le chemin de terre. Il monte assez fort au début. Laisser le chemin à droite. À la sortie du bois, longer le champ à droite, traverser la route, et longer le cimetière. Au bout, poursuivre à droite. Attention, un peu plus loin, la sente descend assez fort : elle est contournable par la gauche. En bas, remonter vers la gauche. Au croisement, aller à droite, remonter la route vers la gauche sur 20 mètres, puis à droite sur la sente juste avant le panneau «Forêt Départementale de la Tour du Lay». Longer les propriétés, puis monter à gauche à la fourche. Emprunter le chemin en face à droite, toujours en montée. Sortir du bois, laisser le sentier à droite, et en entrant dans le bois, descendre à droite. Laisser le chemin de gauche. Au croisement, poursuivre en face sur le chemin agricole, toujours en descente. Au bout, se diriger à gauche, puis à droite le long de l'autoroute. Atteindre la route : la suivre vers la gauche. Au stop, prendre à gauche. Avant le pont de chemin de fer, rouler à droite, rue de la Gare. Continuer tout droit. Traverser le parking de la gare, puis à la sortie, continuer en face pour un retour au point de départ.

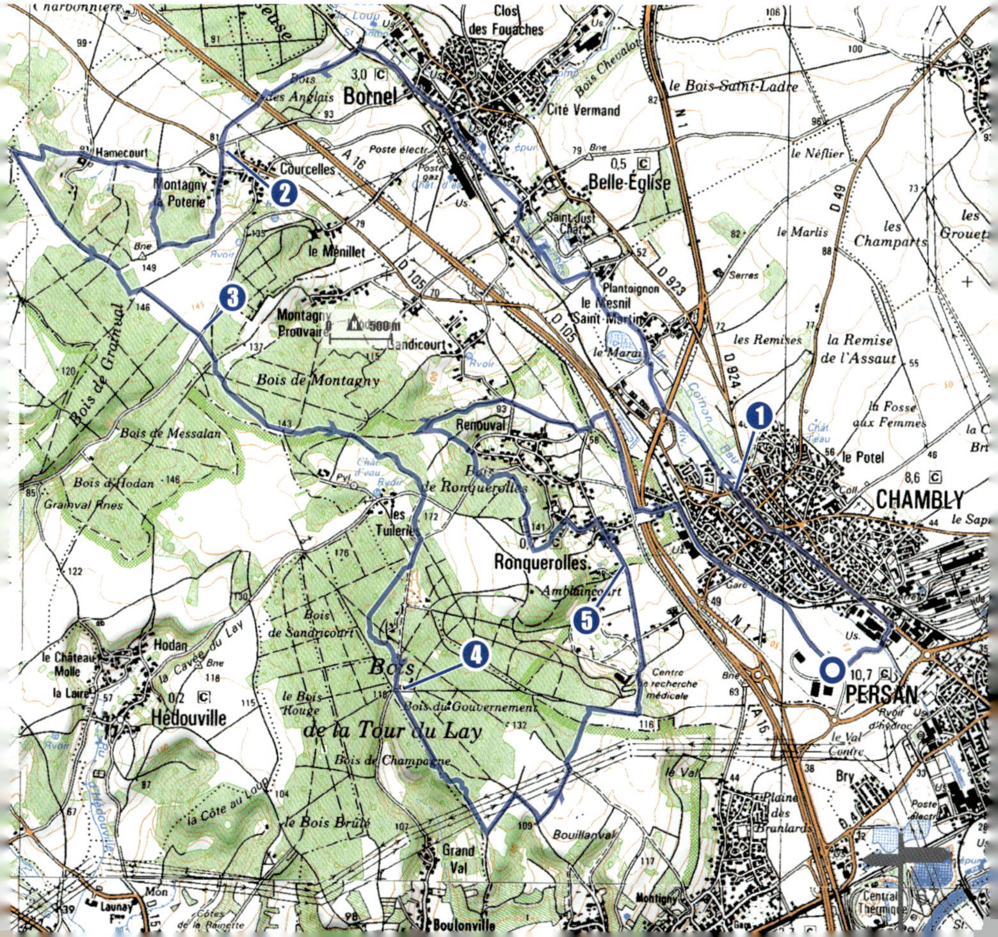

17. LES PORTES DU VEXIN

V4

Distance **49 KM** D+/D- **620 M**
Durée **3H50** Difficulté **V4**

Aux portes du Vexin Français, voici une longue sortie en perspective, alternant bois et prés. Les amateurs de VTT technique y trouveront leur compte.

Itinéraire

Carte : voir pages suivantes

(67 m) Départ du parking rue Saint-Sauveur, après l'église, à Magny -en-Vexin. Emprunter le chemin à gauche du parking le long du mur, entre les arbres (balisage rouge et blanc du GR). Tourner à gauche et passer devant le lavoir. Au bout, prendre à droite puis à gauche, rue Alphonse Subtil. Prendre la deuxième à droite, sur le chemin herbeux, rue Vincent Scotto. Traverser la D86 et poursuivre à travers champs. Le chemin devient sente et rentre dans le bois en montant. Aller à gauche, sortir du bois, poursuivre en face, sous les lignes électriques, puis à droite à la fourche. En atteignant la route, prendre à gauche pour passer sous le pont.

(1 : 138 m - 2,4 km) Au stop, se diriger à gauche, direction Archemont. En entrant dans le hameau, prendre à droite, rue d'Amende. Monter à travers champs, puis entrer dans le bois (balisage jaune du PR). Sortir du bois, le longer avant d'y rentrer. À la fourche à gauche, en descente, prendre la deuxième à gauche, sur le chemin principal. Laisser le chemin de droite, puis au croisement suivant, prendre le deuxième chemin en partant de la droite. À la sortie du bois, tourner à droite pour longer le bois, laisser le chemin à droite, traverser le champ. Aboutir sur un chemin de terre, aller à gauche en longeant le mur. Le chemin devient une rue. La suivre tout droit jusqu'à la route. Aller à droite, et à l'entrée du bois, emprunter le chemin à gauche. À la fourche, prendre à droite, et à nouveau à droite à la sortie du bois pour rouler sur la route. Prendre à gauche le chemin en descente devant la croix, puis remonter dans le bois. Poursuivre tout droit. En arrivant devant le grillage, suivre le chemin à droite en descente. Sortir du bois. A gauche au croisement (balisage jaune), traverser la route et longer le bois. Laisser le chemin de droite, traverser la rue et prendre à gauche sur le chemin caillouteux. Franchir la route, puis continuer tout droit aux deux intersections suivantes, jusqu'au réservoir.

(2 : 135 m - 12,8 km) Tourner à droite et descendre jusqu'à la route. La suivre à gauche, puis, dans le virage, prendre à gauche, rue Louis Pasteur, en descente. En bas, aller à gauche, rue Rouget de l'Isle. Laisser les deux rues à droite, et aller à droite à la fourche. Passer le pont au-dessus de la rivière, puis prendre la deuxième à droite, sur la piste cyclable. Au croisement, monter à droite, puis prendre à gauche à la fourche. Traverser la route et poursuivre en face. La montée risque d'être difficile, il faudra certainement pousser le vélo. En haut, continuer à gauche, puis aux deux fourches suivantes, prendre à gauche. Descendre la route. Devant la maison, prendre le deuxième chemin herbeux en partant de la droite. Il monte à travers champs. Au bout, se diriger à gauche en descente, puis à droite entre l'église et la mairie. Au croisement, suivre le balisage jaune du PR sur la droite, puis à gauche, chemin du Miroir, en montée.

(3 : 44 m - 19 km) Entrer dans le bois, laisser le chemin de gauche puis celui de droite, poursuivre la montée et sortir du bois. Traverser le champ, rentrer à nouveau dans le bois, prendre à droite à la fourche, continuer en face aux deux intersections

suivantes, puis à la patte d'oie, prendre à droite. Aller à gauche au croisement, en descente. Prendre le troisième sentier à droite, puis poursuivre tout droit jusqu'à la route. La suivre vers la gauche, entrer dans Averny, aller à droite au carrefour, puis tout de suite à gauche en montée, chemin de la Procession. Continuer à droite à la fourche, à travers champs. Laisser le chemin de droite, puis aller à gauche à la patte d'oie. Poursuivre en face jusqu'à la D4, la traverser puis aller à droite au croisement, devant le château d'eau, et descendre. Tourner à gauche à l'intersection, monter, et en haut, franchir le carrefour. Descendre et partir à droite jusqu'à la rue de la Pierre Tournante. La suivre à gauche. Avant les habitations, au niveau de la place, se diriger à droite (balisage jaune), laisser le chemin à droite et longer le bois. Profiter de la descente à gauche à travers champs, croiser la piste cyclable et continuer en face dans la rue. Au bout, aller à gauche, rue du Moulin, et continuer tout droit jusqu'à passer le pont au-dessus de l'Epte.

(4 : 26 m - 30 km) Une fois passé le pont, aller à droite vers les bancs et le lavoir. Une ouverture est laissée dans les barbelés pour passer : y passer. Poursuivre à travers champs, le long de la rivière et au fond à droite, franchir à nouveau les barbelés. Longer le bois sur la sente. Aboutir sur le chemin et le suivre à gauche. Prendre la première à gauche jusqu'à la route. La suivre à gauche, passer le croisement, et prendre le chemin à droite qui monte. Prendre à droite à la fourche sous les lignes électriques, puis à gauche toujours en montant. Laisser le chemin à gauche et à droite pour aboutir sur la

Respectez les autres usagers (piétons, chasseurs...), l'environnement et la propriété privée (cf p22)

route. La suivre à gauche, devant la ferme, aller à gauche, en face au croisement, et à droite à la fourche, jusqu'à la route.

(5 : 147 m - 35,7 km) Suivre la route vers la droite, puis après le virage à droite, prendre le chemin à gauche. Prendre la deuxième à gauche, franchir le croisement, puis aller à gauche à la fourche. En arrivant sur un chemin, le suivre à droite, puis continuer tout droit jusqu'à passer la barrière métallique. Au croisement, aller à gauche (balisage jaune). En continuant tout droit, le chemin devient rue. Laisser la rue à gauche, traverser la D142 et poursuivre sur le chemin herbeux le long du golf. Franchir les deux croisements, puis à la route à droite. Prendre le chemin à gauche, aller à droite pour contourner le champ, puis tourner à gauche dans le bois. Le chemin descend puis remonte. Poursuivre tout droit jusqu'à la sortie du bois. Le longer à droite, laisser le chemin de droite puis celui de gauche. Au croisement aller en face, puis à la patte d'oie, à droite en descente. Continuer en face à chaque croisement, jusqu'à sortir du bois.

(6 : 125 m - 42,5 km) En sortie de bois, le sentier devient rue. Passer devant le centre équestre, puis prendre à gauche au croisement, et à droite pour longer le cimetière. Juste après, prendre à gauche sur le sentier (balisage rouge et blanc du GR). Traverser la route pour emprunter la sente au fond de la cour. Tourner à gauche en arrivant sur la rue, puis la première à gauche, chemin à Chalot. Rouler à droite sur la route, puis au stop à nouveau à droite sur la D86. Après le virage à gauche, prendre le chemin à gauche et franchir l'Aubette. Atteindre un chemin : le suivre à droite puis lorsqu'il tourne sur la gauche, suivre le chemin herbeux du GR11 en face. Aller en face au croisement, laisser le chemin à droite, passer sous la D14 puis passer la barrière métallique en face. Laisser le chemin à gauche, traverser le parc en franchissant le pont, aller tout droit jusqu'au parking. Atteindre le boulevard des Ursulines, tourner à gauche. Laisser la rue à droite, passer la barrière et traverser la rue. Passer devant le lavoir et aller à droite le long du mur pour un retour au parking de départ.

OISE

Situé au sud du département de l'Oise et au nord-est du Val-d'Oise, le territoire de l'Oise conserve un caractère essentiellement rural à dominante forestière. Au sein de ce patrimoine, la grande diversité des habitats naturels constitue un véritable patrimoine où un grand nombre d'espèces animales et végétales se développent.

Nombreux sont les témoignages de l'occupation de la région. Menhirs, oppidum, arènes, abbayes, églises et grand domaines ponctuent le paysage et témoignent de cette présence humaine.

Dans ce topo-guide VTOPO, nous nous sommes intéressés à la partie du territoire se situant en Ile-de-France, nous permettant même une incursion en forêt de Chantilly, dans l'Oise. Vous découvrirez le meilleur des forêts de Carnelle, de l'Isles-Adam et de Montmorency ! Si vous aimez les bois, cette partie est pour vous. Prenez votre sac et en avant...

18. L'ABBAYE DE ROYAUMONT

V3

Distance **36 KM** D+/D- **340 M**
Durée **3H00** Difficulté **V3**

Cette longue boucle vous mènera le long de l'Oise et aux parcours roulants du bois de Bonnet. En passant dans la forêt de Coye, le parcours devient un peu plus physique et vous ramènera au point de départ par les plaines agricoles du nord parisien.

Itinéraire

Carte : voir pages suivantes

(147 m) Départ du parking de la gare de Viarmes. Prendre à gauche en descente, avenue Foch. Traverser le rond-point, et tourner à droite sur le sentier, toujours en descente. À l'intersection, continuer à droite jusqu'aux maisons. Rouler rue de Verdun, jusqu'à la départementale. Prendre à gauche, et 20 mètres plus loin, tourner à nouveau sur la gauche sur le sentier (balisage jaune). Au carrefour, continuer tout droit, ruelle à l'Auge, puis prendre la deuxième à gauche, route de Saint-Martin du Tertre. Lorsque la route tourne à gauche, poursuivre tout droit, rue de la Fontaine d'Amour. 250 mètres plus loin un sentier se présente sur la gauche.

(1 : 72 m - 1,9 km) Monter le sentier. A la patte d'oie, partir sur la droite et aboutir sur une place goudronnée. Passer derrière la barrière métallique à gauche, route forestière de Chantilly. Passer sous les lignes haute tension. 300 mètres plus loin, prendre à droite le sentier balisé en jaune, puis à gauche. Au carrefour, poursuivre tout droit, toujours en suivant le balisage jaune. Descendre le premier sentier à droite (fin du balisage), passer le muret, et remonter à droite, puis à gauche juste avant le grillage. À l'intersection, prendre à gauche, ruelle Courty-Guillot, puis à droite, chemin de l'Orme. Prendre à gauche vers le stop, traverser le carrefour, rue de Couvieux. Au stop, prendre à gauche, puis à droite jusqu'à la D922. La traverser vers le chemin agricole. Au niveau du pont sur la gauche, continuer tout droit, puis au bout, prendre à droite sur le sentier du GR1A. Prendre à droite en arrivant sur le chemin, puis à gauche. Le chemin devient une route goudronnée.

(2 : 29 m - 7,7 km) Traverser la D909 et poursuivre sur le chemin qui passe devant l'Abbaye de Royaumont. Au bout, tourner à gauche. Continuer jusqu'à passer le pont qui enjambe l'Ysieux, virer à droite, chemin rural N°3 de Royaumont à Luzarches, puis à gauche derrière la barrière en bois. Rouler tout droit jusqu'à traverser la route goudronnée. Après la barrière, prendre à gauche le sentier qui s'enfonce dans le bois (chêne marqué 447). Au bout, prendre à gauche, puis à droite à l'intersection, sur le sentier sablonneux. Ignorer les sentiers qui partent à gauche et à droite, jusqu'au carrefour du Poteau de la Croix Bleue : le traverser et continuer tout droit tout en ignorant les sentiers de droite et de gauche. Passer la barrière en bois, et sortir de la forêt. Rouler devant le centre équestre jusqu'au carrefour suivant.

(3 : 55 m - 12,5 km) Au carrefour, prendre à gauche sur le chemin de terre, rentrer dans le bois. Longer le grillage à droite jusqu'à la départementale : la traverser vers le parking. Emprunter le sentier indiqué par le panneau vert « réseau départemental de randonnée ». Continuer à droite à l'intersection, puis à gauche, puis tourner tout de suite à droite à l'arbre marqué 505, sur le sentier. Il fait un écart sur la droite, et monte. Poursuivre vers la droite, toujours en montant, vers l'arbre marqué 555. À la fourche, prendre à gauche, puis à droite à l'embranchement. Le sentier monte. En haut, ne pas s'occuper des sentiers qui partent à droite et à gauche, jusqu'au carre-

four du Poteau des Brûlis. Poursuivre en face (balisage jaune), et descendre jusqu'en bas. Suivre à droite le balisage jaune à l'intersection. Le chemin est sablonneux. En arrivant sur un chemin, partir sur la gauche (balisage rouge et blanc du GR1). Quand le chemin tourne à droite, partir sur la gauche et suivre le sentier qui sillonne entre les arbres. Sortir du bois. Le sentier devient alors un chemin de terre. Rentrer dans le bois, poursuivre en face au carrefour (fin du GR), prendre à droite à l'intersection, croiser la route pavée, et rouler à nouveau sur le GR1 (balisage rouge et blanc). Le chemin monte. Prendre la deuxième à droite en poursuivant sur le GR. Aux deux intersections suivantes, continuer tout droit. Ne pas s'occuper des sentiers qui partent à droite et à gauche. En arrivant au carrefour de Luzarches, tourner à droite pour suivre le balisage jaune et rouge. Passer la barrière. Un single se présente à gauche : il permet de longer le chemin, et ainsi d'éviter les ornières lorsque le terrain est humide. Sortir du bois, longer la clôture passer le hangar agricole.

Monument : *L'abbaye de Royaumont est un ancien monastère cistercien construit au cours du XIIIème siècle, sous l'égide de Saint-Louis. Aujourd'hui, l'abbaye abrite une fondation culturelle à vocation culturelle autour des thèmes de la musique, de la poésie, de la littérature et de la danse contemporaine.*

(4 : 120 m - 20,1 km) Après le hangar, à l'intersection, rouler tout droit à travers champs, passer la croix Sainte Élisabeth, et tourner à droite. Continuer tout droit à l'embranchement et descendre. Prendre le chemin à droite, et suivre le balisage rouge et blanc du GR655. En haut de la montée, prendre à gauche sur le chemin. Descendre sur le troisième chemin à gauche. Dans la descente, un sentier se présente à droite : l'emprunter jusqu'à la départementale. Partir sur la droite, puis sur la gauche après le terrain de foot, sur le chemin de terre. Longer le grillage. Prendre la première à gauche, poursuivre tout droit au carrefour, et longer le bois. Traverser la route, rouler sur le chemin, et longer les lignes électriques. Le chemin fait une boucle à gauche au milieu du champ. Continuer à longer les lignes électriques en montant, jusqu'à aboutir sur un sentier : partir sur la droite, et poursuivre la montée. Tourner à gauche à la route.

Respectez les autres usagers (piétons, chasseurs...) l'environnement et la propriété privée (cf p22)

(5 : 138 m – 28,5 km) Traverser la nationale et poursuivre sur le chemin en face qui monte. Au pied de l'église, descendre, et virer à gauche, route de Trianon. Passer le centre équestre. La route tourne deux fois à gauche. Après le deuxième virage, prendre à droite sur le chemin de terre. Faire un gauche/droite, sur le GR1. Tourner deux fois à gauche, et descendre. En bas, tourner à gauche avant le tunnel. Le chemin tourne à droite, puis à gauche, vers les lignes électriques (fin du GR). Au carrefour, prendre à droite. Au stop, traverser la D909. Dans la descente, sous les lignes électriques virer à gauche, chemin rural N°16 (balisage jaune). Entrer dans le bois, monter le chemin, ignorer celui de droite. Longer le bois sur le sentier, aboutir chemin du Néflier. Au bout, prendre à droite en descente. Longer les rails. Prendre à gauche, traverser la voie ferrée, puis prendre à gauche pour un retour sur le parking de la gare.

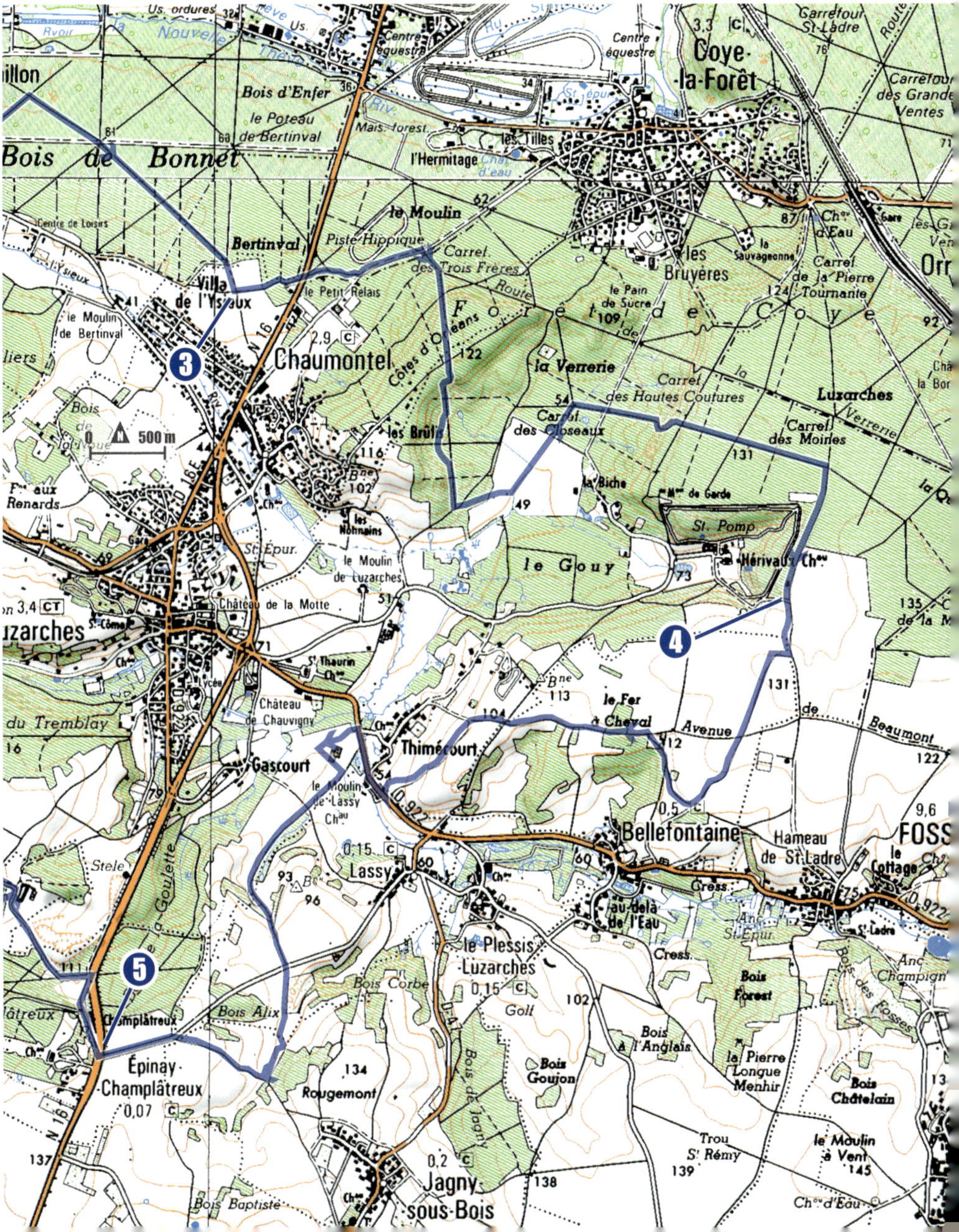

19. LA FORÊT DE MONTGÉ

V3

Distance **25 KM** D+/D- **180 M**
Durée **2H00** Difficulté **V3**

Au programme de cette sortie, du bois et de la terre. Une petite boucle très agréable. De nombreux chemins sont tracés par les adaptes du trial dans le secteur des Hautes Tillières, dans le bois de Montgé.

Itinéraire

(106 m) Départ du parking de la gare de Saint-Mard. Partir sur la droite, prendre la deuxième rue à gauche, rue Gambetta. Tourner à droite sur le chemin herbeux, derrière la barrière en bois. Le chemin monte. Aller à droite à la fourche. Franchir la barrière en bois, croiser la route, et poursuivre sur le pont qui enjambe la ligne de chemin de fer (balisage rouge et blanc du GR).

(1 : 119 m - 0,8 km) Rouler sur le chemin, et prendre la deuxième à droite. Longer le bois, franchir le croisement. Entrer dans le bois de Montgé, suivre le GR. Le chemin tourne sur la gauche. Au croisement, aller à droite, sortir du bois, le longer à gauche. A la fourche, prendre à gauche. Traverser le champ, laisser le chemin de droite, et entrer dans le bois. Traverser le champ et prendre la première à gauche, en montée. Arriver sur la route : la suivre vers la droite. Prendre la première à gauche. Poursuivre tout droit en montée, jusqu'à passer la barrière. Aux deux croisements suivants, poursuivre tout droit. Descendre le chemin, aller à droite à la fourche puis tout de suite à gauche, pour longer le chemin principal. Y revenir, laisser les chemins à gauche et à droite, et poursuivre jusqu'à la barrière. Continuer en face au croisement, et arriver à la route.

(2 : 157 m - 6 km) Aller à droite, passer devant le centre équestre, puis entrer dans le parc à gauche, par la grille. À la fourche, prendre à gauche, puis à nouveau à gauche. Descendre le chemin, contourner l'étang, puis prendre la sente en descente à gauche. Elle monte et descend à plusieurs reprises. Tourner à gauche à la fourche, continuer sur le chemin, franchir le pont devant, puis continuer à droite. Laisser le chemin de droite. Arriver sur le chemin : aller à droite, puis prendre la première à gauche. Au bout, prendre à droite, à gauche, traverser les deux carrefours, puis aller à gauche pour sortir du parc.

(3 : 161 m - 7,5 km) Traverser la route, passer la barrière et prendre à gauche. À la fourche, se diriger à gauche sur le chemin de terre. Franchir la barrière. Prendr tout droit aux trois intersections suivantes. Le chemin monte. Laisser la sente à droite, puis tourner à gauche. Au croisement suivant, rouler sur le deuxième chemin en partant de la gauche. Tourner à gauche à la fourche en montée, puis prendre la première à droite. Dans la montée, tourner à gauche. Rouler sur le deuxième chemin en partant de la gauche, et plus loin, laisser la sente de gauche. À l'intersection, prendre à gauche. Le chemin descend alors. Poursuivre en face aux deux croisements suivants, puis prendre la première à gauche. Aller tout droit à la fourche, puis en face aux croisements suivants, jusqu'à atteindre la route.

(4 : 175 m - 10,1 km) Traverser la route, passer la barrière (balisage rouge et blanc du GR), laisser le chemin de droite, continuer en face au carrefour, puis prendre à gauche à la patte d'oie. Prendre à nouveau à gauche, puis la deuxième à droite.

Laisser le chemin de droite, puis à la fourche, aller à gauche. À la suivante, prendre à droite en descente. Laisser le sentier de droite, puis aboutir sur un large chemin : le suivre vers la droite en montée, et longer le grillage. Laisser les trois sentes à droite, prendre à gauche à la fourche, puis à droite à la suivante. Au croisement, aller en face, puis à gauche aux deux intersections suivantes. Atteindre le chemin, le suivre vers la gauche. Au croisement, prendre à gauche en descente. Au bout, aller à droite, toujours en descente, longer le grillage, puis le mur. A la sortie du bois, se diriger à droite. Le chemin devient rue.

(5 : 123 m - 15 km) Aller en face à l'intersection, à droite, rue de l'Eglise, puis à gauche. Au bout, tourner à droite, rue de la Glaisière, en montée. Franchir la barrière en bois, se diriger à gauche à la fourche, puis au bout, aller à droite. Sur le chemin, se diriger à gauche. Franchir la barrière, et traverser la route. Au croisement, aller à gauche. Laisser le sentier à gauche, puis celui de droite. Aux deux croisements suivants, rouler en face, puis prendre la sente à gauche pour longer le chemin principal. Elle permet de contourner les ornières. Au bout, aller à gauche, puis au croisement, prendre à gauche à nouveau. Le chemin monte. Prendre la troisième à gauche, en descente. À la patte d'oie, prendre à gauche, puis à droite pour longer le grillage. Laisser le sentier de droite, puis prendre à gauche, ruelle Saint Pierre. Au bout, prendre à droite, puis à gauche, rue de l'Arabie. Au bout, prendre à gauche, puis à droite au croisement, rue de la Ferme d'en bas. Rouler tout droit jusqu'à la route.

(6 : 123 m - 19,8 km) Traverser la route, et continuer en face sur le chemin agricole. Se diriger à gauche au bout, puis à droite à l'intersection suivante. Passer le croisement, et poursuivre en direction du bois. Devant celui-ci, le chemin tourne à gauche et longe le bois. Continuer tout droit jusqu'à la route. Remonter la route vers la droite, puis prendre le chemin herbeux entre les arbres à droite. Au bout, passer la barrière, et aller à gauche sur le chemin. Ne pas entrer dans le bois. Ne pas s'occuper du chemin de droite, ni celui de gauche. Atteindre le chemin : le suivre vers la droite. Au croisement aller à gauche. Traverser le chemin, et continuer sur le chemin herbeux. Il tourne sur la gauche et remonte. Arrivé à hauteur du parking, le traverser, et aller à droite sur la route. Au feu, tourner à droite pour un retour au point de départ.

Respectez les autres usagers (piétons, chasseurs...), l'environnement et la propriété privée (cf p22)

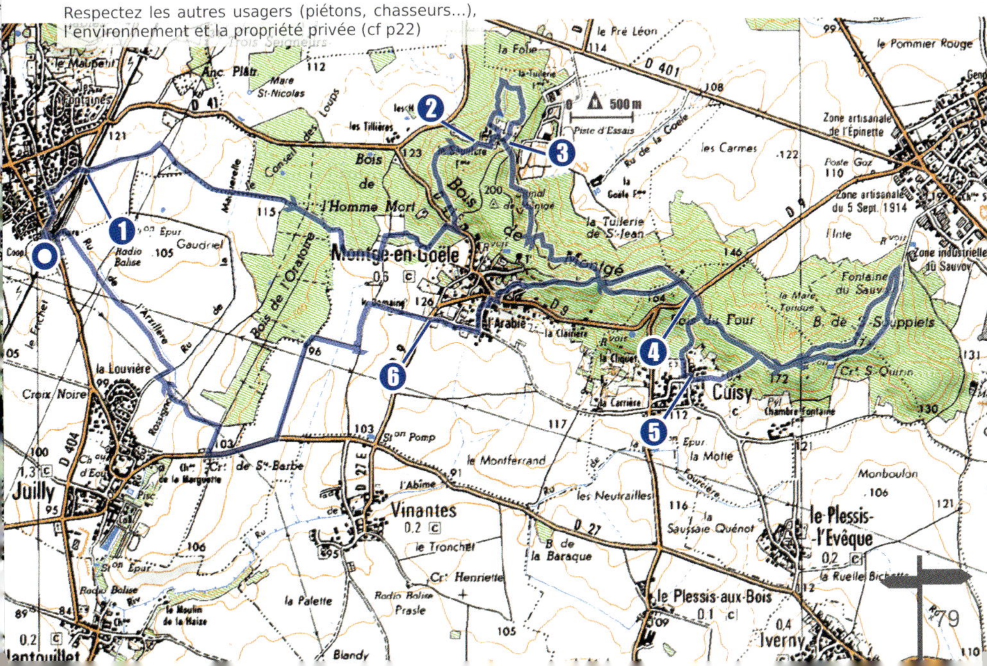

21. EN FORÊT DE COYE

V3+

Distance **23 KM** D+/D- **300 M**
Durée **2H15** Difficulté **V3+**

Une petit boucle en grande partie dans les bois. En traversant la forêt de Coye, vous profiterez de magnifiques singles parfois physiques. Le retour permettra de récupérer avant de rentrer.

Itinéraire

(67 m) Se garer sur les places de parking devant l'église. Descendre jusqu'au carrefour, le traverser, rue des Sablons. Passer devant la mairie, sur le GR (suivre le balisage rouge et blanc). Laisser les deux rues sur la gauche, puis à la fourche, prendre à gauche, dans l'impasse. Le GR tourne à droite sur un sentier en montée : le suivre jusqu'à l'intersection suivante, en haut.

(1 : 102 m – 1,3 km) Fin du balisage. À l'intersection, prendre à gauche à travers champs. Poursuivre en face à l'embranchement, en montée, sur le chemin pavé. Prendre la deuxième à gauche, en haut de la montée. Virer à droite à l'entrée du bois, pour le longer, et suivre le balisage jaune et rouge en descente. À la route, prendre à gauche, route de la Source, puis au feu, à nouveau à gauche. Emprunter la deuxième à droite, chemin d'Hérivaux. En haut du sentier, aboutir sur un chemin : prendre à gauche, puis immédiatement à droite. Aux trois intersections suivantes, poursuivre en face, jusqu'à atteindre le hangar agricole sur la gauche.

(2 : 120 m - 6,8 km) Laisser le hangar sur la gauche, longer le bois. Au carrefour, à l'entrée de la forêt, prendre à droite. Ne pas s'occuper du sentier de gauche, et au croisement suivant, rouler en face. Continuer à gauche à l'intersection, puis prendre la deuxième à droite le long du grillage. Au bout, prendre à gauche pour arriver au carrefour des Moines. Poursuivre en face jusqu'à arriver au carrefour du Puits aux Chiens. Quatre sentiers se présentent : prendre le deuxième à gauche. Au bout, prendre à droite sur le GR1, puis en face à l'intersection. Le sentier descend, tourne à droite et lorsqu'il tourne à gauche, continuer sur le single en face (fin du GR). Il sillonne sur le flanc de la colline. Arrivé sur le chemin, partir sur la droite en montée, puis lorsqu'il tourne sur la droite, prendre le single à gauche. Une montée se présente alors. Il sera peut-être nécessaire de pousser le vélo. En haut, tourner à gauche, et profiter d'une belle descente, en prenant à gauche aux deux intersections suivantes. Un sentier arrive de la gauche : poursuivre en en face. Le single devient sablonneux. Au carrefour, tourner à gauche, et atteindre la Route Pavée de la Ménagerie.

(3 : 73 m – 12 km) Traverser la route pavée, poursuivre tout droit à l'intersection, puis à gauche en montant à l'embranchement. À la fourche suivante, prendre à droite en montée, et à nouveau à droite. Le sentier descend. Virer à droite à l'embranchement, puis à gauche, et à nouveau à gauche. Poursuivre en face au carrefour, puis au suivant à gauche en montée. En haut, prendre à droite le chemin en descente, entre les pins méditerranéens. Une succession de montée et descente s'enchaîne. Poursuivre en face à l'intersection, puis à gauche sur le sentier à la patte d'oie. Monter à gauche à l'intersection. Ne pas s'occuper des sentiers de droite et de gauche. En arrivant au carrefour du Poteau des Brûlis, poursuivre en face, et suivre le balisage jaune. Profiter d'une belle descente jusqu'en bas, sans se préoccuper des sentiers qui partent sur la gauche. En bas, prendre sur la gauche le chemin sablonneux (fin du balisage). À la

fourche, tourner à droite, puis à gauche. Poursuivre en face aux deux croisements suivants. Prendre la deuxième à droite en montée pour suivre le balisage jaune. Traverser le carrefour, et redescendre. Croiser le carrefour suivant pour aboutir sur la Route Pavée de la Ménagerie.

(4 : 65 m – 16,7 km) Traverser la route pavée (fin du balisage). 200 mètres plus loin, tourner à droite sur le single avant la montée, puis prendre virer la deuxième à gauche en montée. En haut, tourner à droite sur le chemin. Passer les poteaux en bois, longer le grillage sur la gauche, et descendre. En bas à la route, prendre à droite, ensuite à gauche sur le sentier balisé en jaune. Il monte et sillonne jusqu'à une route : la traverser (fin du balisage) et poursuivre en face. Dans la montée, tourner à droite en épingle à cheveux sur le single. Rouler jusqu'au bout, sortir du bois, le longer, et aboutir sur un chemin : l'emprunter vers la gauche. Prendre la première à gauche sur le GR655 (balisage rouge et blanc), puis la deuxième à droite. À l'embranchement, tourner à droite (fin du balisage) sur le single. Descendre le long du bois, et à travers champs. Arrivé sur le chemin goudronné, prendre à droite sur le sentier. Il aboutit place Lavoisier. À la route nationale, continuer à droite, puis à nouveau à droite, rue du Tourneveau, pour un retour au point de départ.

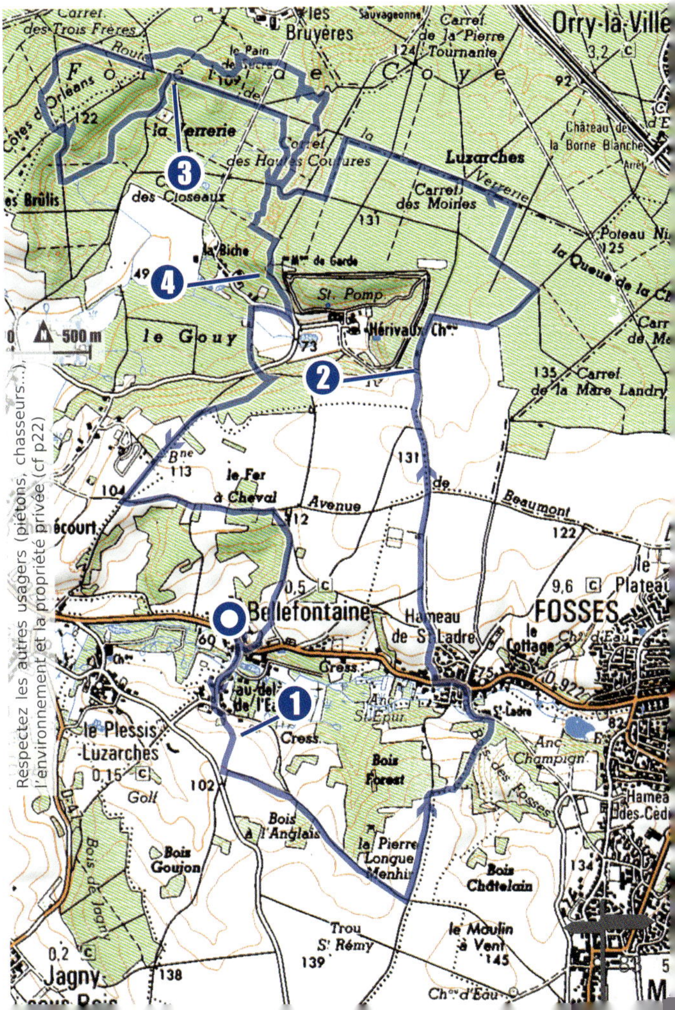

22. LA FORÊT DE MONTMORENCY

V3+

Distance **32 KM** D+/D- **410 M**
Durée **3H00** Difficulté **V3+**

Encore un circuit très attractif, pratiquement qu'en forêt, pour les amateurs du genre. Vous devrez peut-être pousser un peu pour monter l'une des trois collines, mais c'est pour mieux redescendre. Les bas-fonds des vallons sont très humides. La forêt de Montmorency est LE rendez-vous des vététistes. À consommer sans modération.

Itinéraire

Carte : voir pages suivantes

(39 m) Depuis le parking de la gare de Mériel, prendre à droite, avenue de la Gare. Au stop, prendre à gauche, Grande Rue, puis à gauche au feu. Passer sous le pont et monter à droite, rue du Val de Mary Haut, et à nouveau à droite, rue des Garennes. 20 mètres plus loin, tourner à gauche, Chemin du Bois.

(1 : 65 m - 1 km) Au bout du Chemin du Bois, partir sur la droite, longer le bois, passer le centre équestre, et entrer dans le bois. Prendre la troisième à droite en descente, puis à gauche en bas. Sortir du bois avant d'y rentrer 150 mètres plus loin. A l'embranchement, virer à droite. Au suivant, prendre à gauche en montée. A la patte d'oie, poursuivre à droite. En haut de la montée, au carrefour, prendre à droite sur le chemin principal, et continuer tout droit sans s'occuper des sentiers à droite et à gauche. Aboutir sur le GR (balisage rouge et blanc) : le suivre à droite en montée, et sortir du bois. Le longer. À la fourche, prendre à gauche, passer sur le pont qui enjambe la N184. Le sentier descend et traverse la D44. Rouler chemin de la Justice, prendre deux fois à droite, et enfin à gauche à travers champ. Continuer en face au croisement, et entrer dans le bois. Le chemin monte. En haut, prendre sur la droite, puis au bout sur la gauche. Suivre le balisage du GR (balisage rouge et blanc) jusqu'à la barrière métallique. Passer derrière, sortir du bois, et poursuivre. Au croisement, prendre en face, et rouler le long du parking jusqu'à la route.

(2 : 170 m - 6,8 km) À la route, prendre à droite. 30 mètres plus bas, prendre à gauche derrière la barrière en bois, toujours sur le GR. Monter jusqu'au croisement et virer à gauche, route forestière du Poteau de Paradis. 20 mètres avant que le chemin ne tourne sur la droite, un single se présente à gauche : le prendre et profiter d'une belle descente. Au carrefour, poursuivre en face, et à gauche à la patte d'oie. Ne pas s'occuper du sentier à droite, franchir le ruisseau, et monter. Bifurquer sur le premier sentier à droite. Au bout, prendre à droite, puis tout de suite à gauche. Poursuivre tout droit au croisement en passant sous les lignes à haute tension, et monter le sentier. Il faudra peut-être pousser un peu le vélo. À la patte d'oie, prendre à gauche pour longer les lignes électriques. Au bout du sentier, virer à droite, route du Chat, puis les deux fois suivantes à droite à nouveau. Descendre la sente, passer

sous les lignes électriques et poursuivre en face. Prendre à gauche à l'embranchement, et franchir le croisement. Le sentier sillonne avant de rejoindre le GR : le suivre à droite, puis le quitter tout de suite après à gauche. Prendre à droite à la fourche. Aboutir sur le sentier : partir à gauche vers la D192.

(3 : 152 m – 10,1 km) Passer la barrière, traverser la route et franchir la nouvelle barrière. Rouler route des Fonds sur 200 mètres, avant de prendre la deuxième à droite en montée sur le GR (balisage jaune et rouge). Au croisement, partir sur la gauche, puis prendre à droite à l'embranchement. Aboutir sur le chemin principal : prendre à droite et monter. Poursuivre tout droit au premier croisement, puis prendre à droite au suivant, pour longer le grillage. À la patte d'oie, prendre à gauche tout en continuant de longer le grillage, et profiter d'une belle descente. En bas, traverser le parking et emprunter le sentier en montée après la barrière. En haut, tourner à gauche. Le sentier sillonne entre les arbres. Rouler à droite puis à gauche avant de poursuivre tout droit au carrefour suivant. Aboutir sur le chemin : prendre à gauche. 20 mètres plus loin, prendre à droite sur le single. Poursuivre tout droit au croisement, en descente, puis à gauche. Traverser le chemin et entrer dans la sapinière. Prendre à droite, puis en face, et franchir la route derrière la barrière. Aboutir à l'étang Marie.

(4 : 113 m – 14,5 km) Contourner l'étang par la droite, et prendre en face le sentier qui monte. Aboutir sur une route forestière : la suivre vers la droite, et prendre le premier single à gauche en montée. Arrivé au pied de la tour du Plumet, virer à droite, puis à gauche dans la foulée. Traverser le chemin, poursuivre en face au carrefour, puis prendre à gauche. Aboutir sur un sentier : le suivre vers la droite. Au carrefour, prendre à gauche. À l'intersection, continuer en face et poursuivre tout droit jusqu'à l'étang. Sur le chemin, prendre à gauche, puis à droite, traverser l'étang, et continuer deuxième à gauche. Prendre le sentier en montée à droite, chemin de l'Entonnoir. Prendre à gauche aux deux intersections suivantes. Plus loin dans la montée, prendre la sente qui descend sur la gauche. Tourner à gauche, puis à droite, et prendre tout droit pour rejoindre le GR (balisage jaune). Partir à droite à la patte d'oie, puis à nouveau à droite à la deuxième intersection. Prendre en face au croisement, puis à droite. Lorsque le GR tourne à droite à 180 degrés, poursuivre en face sur le single. Au bout, monter à gauche, puis poursuivre en face pour aboutir au carrefour de la Pointe.

(5 : 192 m – 20 km) Au carrefour, prendre à gauche, chemin du Faite, et rouler jusqu'à traverser le parking puis la D192. Aux deux intersections suivantes, prendre à droite. Rouler tout droit jusqu'à la place, et continuer en face sur la sente en descente, au pied de l'arbre marqué n°2. En bas, franchir la barrière, le parking, et la route, pour poursuivre sur le GR (balisage jaune). Sortir du bois. Au bout du single, traverser la D44, et prendre le chemin de droite à travers champs. Traverser l'intersection, descendre, et passer sous la N104. Le chemin remonte et rentre dans le bois avant de redescendre. En bas, rouler en face, franchir les blocs de pierres, et partir sur la gauche (balisage rouge et blanc du GR). Continuer à gauche, et descendre. Franchir l'intersection et en bas, derrière les blocs, partir à droite. Au stop, tourner à gauche, passer sous la N184. Prendre la première à droite, derrière la barrière métallique. Juste après le virage à droite, emprunter le single à gauche (balisage jaune). En haut, prendre à gauche le long du mur. À la patte d'oie, continuer à gauche, puis à nouveau à gauche au carrefour suivant, pour continuer à longer le mur. Le chemin descend, le suivre à gauche et sortir du bois. Partir sur la gauche. Le chemin devient rue. Au croisement, prendre à droite, rue du Bel Air. Descendre. Au stop, prendre à droite, passer sous la voie ferrée, puis à nouveau à droite, avenue de la Gare pour un retour au point de départ.

l'environnement et la propriété privée (cf p22)

23. UNE VRAIE PRESLES

V3+

Distance **16 KM** D+/D- **180 M**
Durée **1H30** Difficulté **V3+**

La forêt de Carnelle présente de nombreux chemins et sentiers qui permettent des parcours variés. Elle propose également de belles montées et descentes. Ce circuit, malgré sa petite distance, permet de se faire une vraie belle sortie VTT. Il faudra certainement descendre du vélo pour passer certaines parties.

Itinéraire

(52 m) Départ du parking de la gare de Presles. A la sortie du parking, aller à gauche, puis à la patte d'oie, à droite, rue du Four du Gué, en descente. Atteindre la D78 : traverser le carrefour et monter en face, rue des Coutumes. En haut, prendre le chemin à gauche à travers champs. Au croisement, aller en face, puis descendre à gauche la D64E.

(1 : 51 m - 2,6 km) Juste après le haras de Presles, prendre deuxième chemin en partant de la droite, qui monte le long du bois. Au fur et à mesure de la montée, le chemin est de plus en plus pavé. Avant la route nationale, prendre le chemin en descente à gauche. À l'intersection, aller à gauche, puis à nouveau à gauche à la fourche. Longer le bois, avant d'y entrer. Passer sous le pont du chemin de fer, se diriger à gauche à la fourche, puis suivre la route à gauche. Prendre la première à droite, en direction de la forêt de Carnelle. Entrer dans le bois. Au croisement, prendre à gauche, puis tout de suite à droite à la patte d'oie. Le chemin monte. Aux deux carrefours suivants aller tout droit, laisser la sente à droite, puis, à l'intersection suivante, prendre la sente à gauche qui monte. Continuer tout droit aux trois intersections suivantes. Le chemin descend. À l'intersection suivante, aller en face à droite. Traverser la route pavée. Passer le croisement en face, et continuer tout droit jusqu'au large carrefour suivant. Tourner alors à droite. Poursuivre la montée. Laisser le chemin à gauche.

(2 : 140 m - 7,9 km) Au Carrefour Neuf, prendre le chemin à gauche, puis le sentier suivant à gauche en descente. Traverser le carrefour, puis prendre à droite à la fourche. Au croisement, prendre le deuxième chemin en partant de la droite, qui monte. Continuer tout droit aux trois intersections suivantes. Le chemin descend alors. Tourner sur la sente à gauche. La descente est agréable et ludique. À la fourche, se diriger à gauche, puis à droite à la suivante. Atteindre le chemin : le suivre vers la droite, puis prendre tout de suite à droite. Devant le mur des habitations, aller à gauche. Traverser la rue, et rouler rue des Jardins de l'Église. Au bout, prendre à droite, rue du Croissant. Traverser l'intersection, et continuer sur la sente le long du grillage. Poursuivre en face au croisement, franchir la barrière métallique, puis aller à gauche sur la rue. Lorsque celle-ci tourne à droite, prendre la sente à gauche entre les haies. Laisser les chemins à droite, et continuer tout droit jusqu'à franchir la barrière en bois.

(3 : 45 m - 10,9 km) Atteindre la route : la suivre à gauche sur la piste cyclable. Au stop, se diriger à gauche, franchir les voies ferrées et aller à droite, rue de Mours. Prendre la première à gauche sur le chemin agricole. Au bout, prendre à gauche. Le chemin longe le ruisseau. Il tourne sur la gauche pour traverser un affluant, et revient sur la droite. Tourner à gauche pour suivre le chemin. Au bout, derrière la barrière, aller à droite sur la D78. À l'intersection, prendre à droite, rue de L'Isle Adam. Longer le mur en montée. Juste après celui-ci, prendre à gauche sur le sentier. La montée peut

être difficile vers la fin. En haut, traverser la rue, et poursuivre en face. Longer le cimetière. À l'intersection, aller en face puis à nouveau en face pour longer le mur en descente. À l'angle de ce dernier, tourner à gauche pour descendre. ATTENTION. Il faudra certainement descendre du vélo pour passer les marches. A la fourche, se diriger vers la droite, puis traverser le parking vers la gauche. À la rue, aller à gauche et descendre la dizaine de marche à droite. Traverser le carrefour, et poursuivre dans la ruelle. Au bout, prendre à gauche, puis à droite pour traverser le parc. Continuer en face à l'intersection, traverser la rue, et monter les quelques marches pour arriver sur le parvis de la gare.

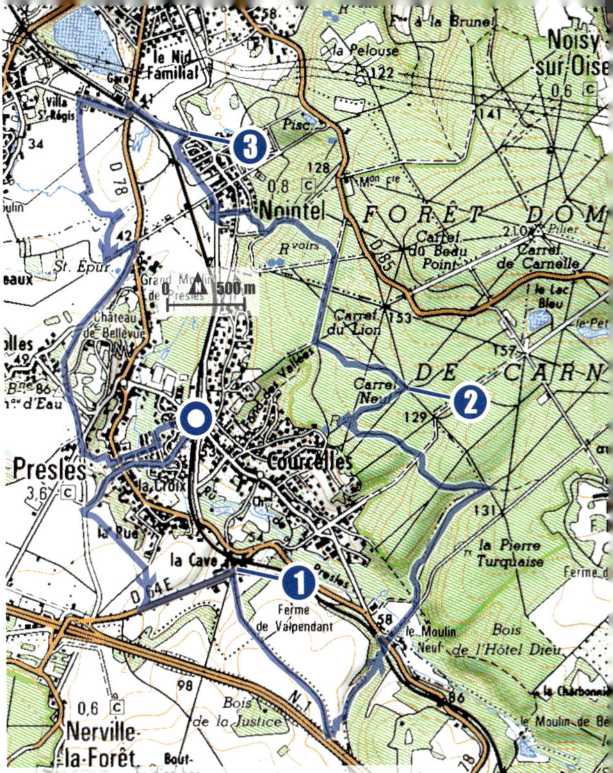

Respectez les autres usagers (piétons, chasseurs...), l'environnement et la propriété privée (cf p22)

Histoire : *La forêt de Carnelle, traversée par ce circuit, a été le témoin des premiers essais du télégraphe de Claude Chappe : le 16 juillet 1793, 26 mots furent transmis en 11 minutes de Ménilmontant à Saint-Martin-du-Tertre sur une distance de 26 km. Vous retrouverez les vestiges de ce télégraphe dans plusieurs circuits du VTOPO Ile-de-France Sud.*

24. LE DOMAINE DE CARNELLE

V4

Distance **22 KM** D+/D- **440 M**
Durée **3H00** Difficulté **V4**

Sur les hauteurs de l'Oise se trouve la forêt de Carnelle, largement exploitée pour ses bois et son gypse. Au final, voici une très jolie boucle exclusivement en forêt, avec de nombreuses montées et descentes. Les chemins sont roulants mais peuvent être difficiles en cas d'humidité. Un plaisir à parcourir.

Itinéraire

(52 m) Départ du parking de la gare de Presles. A la sortie du parking, prendre à gauche, puis à nouveau à gauche pour traverser les voies ferrées. Traverser le carrefour, et aller à droite, rue Alexandre Prachay. Tourner première à gauche, rue Étienne d'Orves. Au croisement, prendre à droite, ruelle Tortue (balisage jaune). Traverser le bois, et en sortie, prendre à gauche, rue des Éclaireurs partisans. Poursuivre la montée jusqu'au château d'eau, puis entrer dans le bois.

(1 : 99 m – 1,4 km) Franchir la barrière à l'entrée du bois. A la patte d'oie, aller à droite, puis à nouveau à droite au croisement. Franchir le carrefour. Le sentier descend. Traverser la route pavée et remonter. En haut, partir sur la droite, laisser le chemin venant de la gauche, puis à la patte d'oie, prendre à gauche. Au carrefour suivant, prendre le deuxième chemin en partant de la gauche, en descente (balisage rouge et blanc du GR). Franchir le croisement et poursuivre en montée. Traverser la route, et passer à côté de l'Allée Couverte. Se diriger vers le parking, puis suivre la route vers la droite, derrière la barrière. Après une centaine de mètres, prendre à gauche (GR rouge et blanc). Au croisement, poursuivre en face en montée, toujours sur le GR, puis prendre le deuxième sentier en partant de la gauche. Au croisement, poursuivre tout droit pour aboutir sur le parking.

(2 : 157 m – 4,7 km) Traverser ce dernier, franchir la barrière et rouler en face aux deux intersections suivantes. Virer à droite à la patte d'oie, longer l'étang, laisser le chemin arrivant de la gauche. À la patte d'oie, se diriger à gauche. Au bout, prendre à nouveau à gauche sur la route. 30 mètres plus loin, prendre encore une fois à gauche, en montée sur le chemin. À la route, prendre à droite, puis tout de suite à droite, sur la sente en descente. Croiser la route, poursuivre la descente. Le sentier slalome entre les arbres. Prendre à gauche en montant, puis à nouveau à gauche. Franchir la route, puis le croisement. Aboutir sur un chemin goudronné : le suivre vers la gauche sur une centaine de mètres, puis descendre la sente à droite au niveau de l'arbre n°21 (balisage jaune). Prendre la deuxième à droite. Aboutir sur un chemin : le suivre vers la droite et continuer tout droit. Atteindre la route : la traverser, puis la suivante également.

(3 : 85 m – 8,6 km) Au croisement, prendre le troisième chemin en partant de la droite (à gauche de l'arbre n°38). Laisser le chemin de droite pour continuer en face, puis à la fourche, prendre à droite. Au carrefour suivant, prendre à gauche, puis en face, et à nouveau à gauche en descente. Au bout du sentier, tourner à droite, puis à gauche en descente. Poursuivre en face au croisement (balisage jaune du PR) sur un large chemin et profiter d'une belle descente ludique. À la patte d'oie, se diriger vers la gauche en montée, puis tout droit. Au bout du sentier, prendre à droite. Emprunter la sente à gauche au milieu des fougères, prendre à gauche de nouveau, puis à droite. Traverser le chemin et suivre le balisage jaune. Prendre à droite, puis en face, et tout de suite à

gauche à la fourche. Aux trois croisements suivants, rouler tout droit. Au bout, prendre à gauche en montée, et poursuivre en face aux quatre carrefours suivants. Au bout du sentier, toujours en suivant le balisage jaune, aller à gauche. Le chemin descend, puis monte, avant de partir à droite. Prendre à gauche à l'embranchement, puis à nouveau à gauche. Longer le bois sur une centaine de mètres avant d'y rentrer. Poursuivre tout droit à l'intersection, à droite à la fourche en montée, et croiser le GR.

(4 : 155 m – 15,8 km) À l'intersection, prendre à droite, puis tout de suite à gauche à la fourche. Passer sous les lignes à haute tension, franchir le carrefour, et rentrer dans le bois. Descendre le sentier, et se diriger à gauche au bout. Prendre à droite, sortir du bois, le longer, puis y rentrer un peu plus loin sur la sente à gauche. Se diriger à gauche à la fourche en montée, puis prendre à droite en haut. Passer sous les lignes électriques, prendre à droite, puis à gauche en montée. Au croisement, emprunter le deuxième sentier en partant de la droite (à gauche de l'arbre n°8) puis au suivant, le sentier en face (à droite de l'arbre n°28). Traverser la route et prendre à droite jusqu'au parking.

(5 : 178 m – 19,4 km) Traverser la D85, et emprunter la sente légèrement sur la droite. Profiter de la descente jusqu'à l'arrivée. Prendre à gauche, puis à droite devant la mare. À la fourche, aller à droite, puis au croisement, prendre le quatrième sentier en partant de la droite (à gauche de l'arbre n°31, balisage jaune). Tourner à gauche sur la sente, et poursuivre tout droit aux deux intersections suivantes. A l'embranchement, prendre le deuxième sentier en partant de la gauche, puis en face aux deux suivants. Longer le grillage, sortir du bois. Poursuivre en face, et au bout de la rue, aller à gauche. Au stop, continuer tout droit, puis prendre à droite, traverser les rails, et bifurquer enfin à droite pour un retour au point de départ.

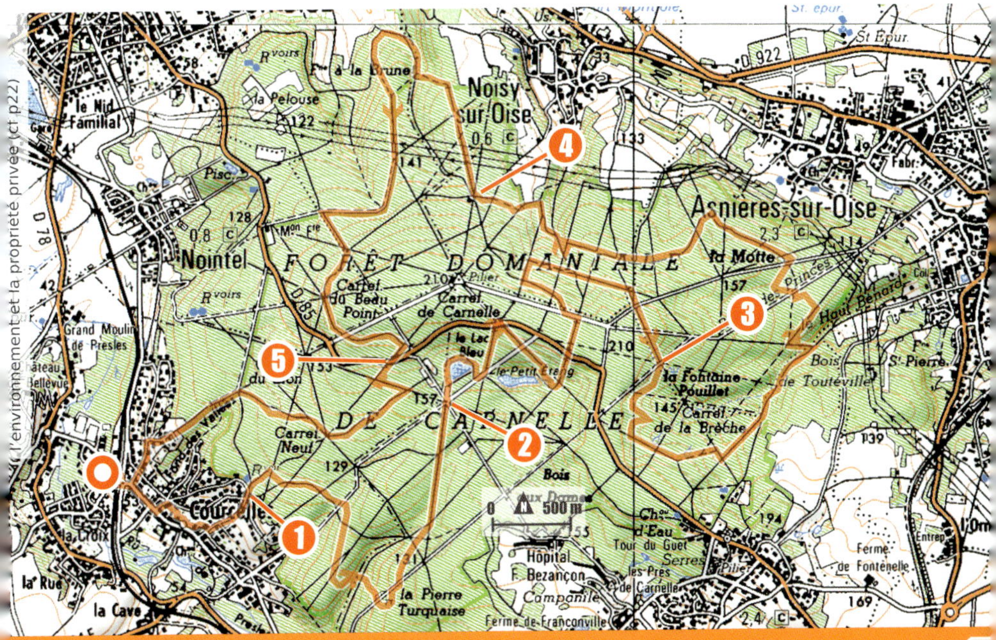

Culture : *Dans la forêt de Carnelle, le parcours fait le tour du Lac Bleu et du Petit Étang. Il s'agit d'anciennes carrières de gypse et de marne, alimentées par des sources. Aujourd'hui, la couleur bleue de la roche du fond tend plus au vert à cause des algues microbiennes.*

25. LA FORET D'ERMENONVILLE

V4

Distance **44 KM** D+/D- **600 M**
Durée **3H30** Difficulté **V4**

Pour les amateurs de bois, la forêt d'Ermenonville est un véritable plaisir à parcourir. Au programme : des kilomètres de chemins et de singles, de la boue, du sable, de la montée et de la descente. Bref, ce qu'il faut pour une bonne sortie.

Itinéraire

Carte : voir pages suivantes

(126 m) Départ depuis le parking du terrain de foot, rue de la Fosse au Bouc. En gardant le terrain derrière soi, partir sur la droite. À la patte d'oie, prendre à gauche, rue des Étangs. Au stop, prendre à droite, en montée. Prendre à gauche à l'embranchement, puis à nouveau à gauche, rue du Trou Nizeau.

(1 : 150 m - 0,4 km) Passer la barrière en bois et partir à l'intersection puis à droite à a suivante. Poursuivre en face au croisement. En haut, aller à gauche, et en face. À la sortie du bois, partir à gauche, rue Charles Péguy. Continuer tout droit, puis lorsque la rue tourne à gauche, rouler sur le sentier en face. En arrivant sur la D126, virer à droite. 50 mètres plus loin, prendre dans le bois le sentier en face, puis tout de suite à droite. Descendre le chemin, et aboutir à nouveau sur la départementale : la suivre sur 20 mètres à gauche, et virer à droite sur le chemin de terre derrière la barrière en bois. Franchir la nouvelle barrière, poursuivre en face, puis à nouveau tout droit à l'intersection. Aller sur la gauche dans la ruelle. A la sortie, traverser la route et continuer, rue Anatole Parent. Prendre le chemin agricole, puis la deuxième à gauche. Prendre à nouveau à gauche, puis tout droit après la barrière, jusqu'à atteindre le bois. À l'entrée, prendre à droite en descente. Rester sur le chemin principal. En bas, traverser la route et rouler sur la sente qui part sur la gauche. Poursuivre en face, au niveau de l'esplanade, et à gauche. Remonter la route vers la droite. 300 mètres plus loin, tourner à droite derrière la barrière, sur le chemin.

(2 : 62 m - 7,3 km) Franchir les trois ponts. Poursuivre tout droit au carrefour pour longer le mur. À la fin de celui-ci, rester sur le chemin principal, traverser la route, tourner à droite, puis à gauche. Se présente alors un carrefour avec quatre route devant soi : prendre le deuxième en partant de la gauche. Traverser l'intersection. Suivre le chemin pavé à droite. Tourner à nouveau à droite sur le chemin de terre, franchir le croisement, et monter. Continuer en face, chemin Sainte Margueritte, et poursuivre à nouveau en face. En haut de la montée, partir à droite. Suivre le sentier à nouveau à droite. Il monte et descend. Au carrefour, poursuivre en face, puis prendre à droite en descente. Partir sur la gauche. Le chemin devient sablonneux. En bas, prendre à gauche, le long du grillage. Aux trois intersections suivantes, poursuivre en face, puis à droite sur le single. Continuer tout droit aux trois croisements suivants, puis à la fourche,

prendre à gauche en montée. En haut, virer à gauche, puis à droite aux deux intersections suivantes. En arrivant sur un large carrefour, rouler sur le deuxième chemin à droite, en montée. Traverser la route pavée, toujours en montée. Tourner à gauche sur la sente, puis au bout à droite. Au croisement suivant, prendre la première à gauche en descente, à droite en montée, puis à gauche à la fourche. Aux trois intersections suivantes, continuer en face. A la suivante, prendre le deuxième chemin en partant de la droite, route du Noyer. Le chemin monte et descend à plusieurs reprises. Au bout, tourner à droite, et traverser la route pavée.

(3 : 110 m - 17,5 km) à la fourche, prendre à droite. Aux trois intersections suivantes, continuer tout droit. En haut, partir sur la droite. Prendre à nouveau en face au carrefour, et à droite à la patte d'oie. En arrivant à l'intersection, prendre le deuxième chemin sur la droite, qui continue à la même altitude. Poursuivre en face aux deux intersections, franchir la barrière, et traverser la route.

Environnement : *La forêt d'Ermenonville prolonge au sud-est celle de Chantilly. Ce secteur, très sableux, ne présentait jusqu'au XVIIe siècle que des landes à bruyères. Par la suite, la forêt fut plantée en grande partie de pins sylvestres, seule essence à pouvoir pousser sur ce sol. Le bois abrite de très beaux sites mêlant landes et blocs de grès.*

(4 : 100 m - 24 km) Monter le chemin, poursuivre tout droit (à gauche de l'arbre N°100), et encore tout droit (entre l'arbre 103 et 102). À la patte d'oie, aller sur la gauche, puis à droite les deux fois suivantes. Au croisement suivant, pendre à gauche, puis en arrivant au carrefour, le deuxième chemin sur la droite (à droite de l'arbre N°126). Poursuivre en face en montée (croix jaune). En haut, prendre le single à gauche. Il monte et descend à plusieurs reprises. En haut, suivre le grillage sur la droite, pour revenir sur le chemin principal. Prendre à gauche, puis tout droit pour longer le grillage. Le chemin devient sente. Prendre la deuxième à droite, au bout à gauche, puis tout de suite à droite sur la sente en montée. En haut, prendre à droite, puis à gauche, et juste après, en face en descente. En bas, poursuivre tout droit, puis prendre à droite ou à gauche à convenance. Dans les deux cas, il faudra pousser le vélo en fin de montée. Virer à droite, puis la deuxième à gauche. Prendre la troisième à gauche sur le single au milieu des pins. Aller sur la gauche, puis en face. À l'intersection suivante, virer en face à droite pour longer le grillage. Prendre la quatrième à gauche pour rejoindre le GR (balisage rouge et blanc). Suivre le GR sur la sente, et prendre la troisième à gauche.

(5 : 107 m - 33,1 km) Traverser la D922, puis prendre à droite. À la patte d'oie, prendre à droite, puis tout droit pour sortir du bois. Avant la route, suivre le chemin à gauche, et traverser le carrefour. Traverser les champs, et longer le bois. Y rentrer. Au bout du chemin, à la sortie du bois, prendre à droite, puis tout droit. En arrivant à la route, la suivre sur la droite. La route entre dans le bois. Dans la ligne droite, en haut de la montée, prendre le sentier à gauche. Au carrefour, prendre à droite, puis à nouveau à gauche, et encore à droite. Prendre la deuxième à gauche en montée le long de la sapinière. Au croisement, poursuivre en face en descente. Dans la montée, prendre à droite, vers le pilier. Suivre le chemin vers la droite, descendre, et continuer tout droit sur le chemin de terre. Virer à droite dans le champ. Le traverser en montée. En haut, partir à gauche, toujours en montée. À la sortie du bois, tourner à droite à travers champs. Au bout, en arrivant sur la route, prendre à droite, puis tout de suite à gauche, en descente sur le chemin de terre. Traverser le ru, croiser le carrefour et, en arrivant à la route, la suivre vers la droite. Prendre la rue des Sillons de Boulanger à droite, au rond-point à droite, puis à gauche pour un retour au point de départ.

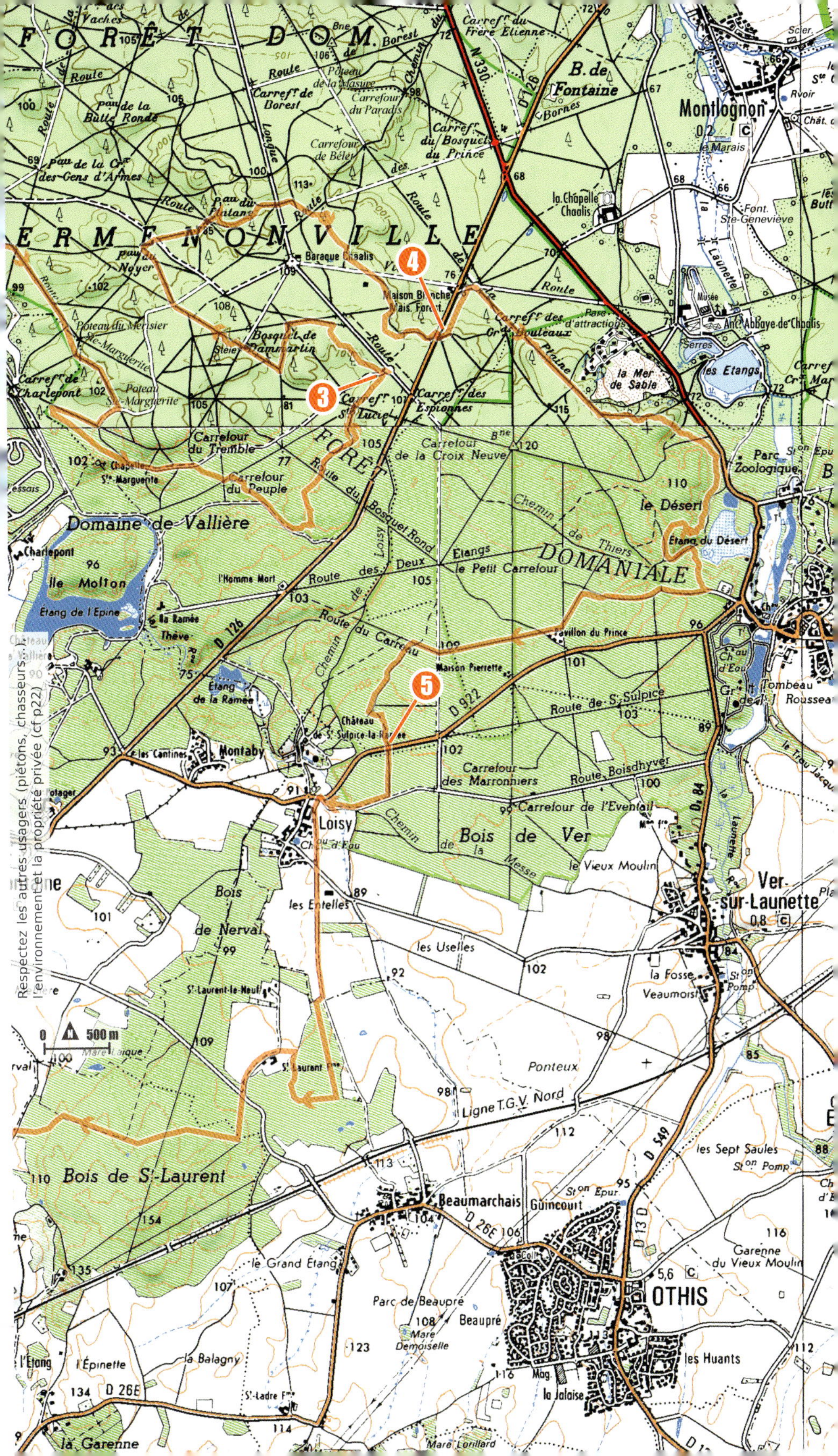

Respectez les autres usagers (piétons, chasseurs...), l'environnement et la propriété privée (cf p22)

OURCQ ET GRAND MORIN

Autour de Meaux, deux rivières sillonnent et contournent les bancs calcaires pour rejoindre la Marne : le canal de l'Ourcq, qui alimente le bassin de la Villette, et le Grand Morin. Ces cours d'eau ont dessiné le paysage de la région, vallonné et argileux. D'autres ruisseaux s'additionnent aux précédents pour accentuer ce paysage. Ces vallons, entrecoupés de massifs forestiers, constituent votre terrain de jeux pour ces cinq circuits.

Bien qu'a priori sans difficulté, les parcours peuvent parfois se révéler piégeurs, compte tenu de nombreux ruisseaux et autres rus. D'autant plus en cas de mauvais temps. N'ayez pas peur de la boue et partez à l'assaut de cette jolie partie du topo-guide VTOPO.

26. LE PAYS DE L'OURCQ

V2+

Distance **23 KM** D+/D- **150 M**
Durée **1H40** Difficulté **V2+**

Une promenade au fil de l'eau vous attend pour cette sortie familiale. De larges chemins agrémentés de quelques singles pour le plaisir. Le retour par la forêt est très agréable.

Itinéraire

(62 m) Départ de la gare de Isles-les-Meldeuses. À la sortie du parking, se diriger à droite, Au bout, aller à gauche, puis prendre la première rue à droite, route de Congis. Continuer tout droit en laissant les rues à droite et à gauche, passer le pont, et prendre la première à droite, rue du Grand Voyeux. Prendre à gauche le chemin herbeux, derrière la chaine, au niveau du passage piéton. Traverser les deux rues, puis aboutir devant le canal : le suivre vers la droite.

(1 : 62 m - 1,4 km) Traverser le canal sur le pont, et prendre la première à droite, sur le chemin forestier (balisage rouge et blanc du GR). À la sortie du bois, aller à gauche sur le chemin, passer le pont, et prendre à droite au carrefour. Prendre à gauche à la patte d'oie, puis à droite pour franchir le pont. Prendre à gauche sur le chemin, et à droite à la fourche, en descente dans le bois. Sortir du bois, le longer, continuer à droite à l'intersection. Au bout, atteindre un chemin et le suivre vers la gauche. Franchir le carrefour. Le chemin monte alors. Rouler en face au croisement, passer le ru. Longer le cimetière. Au bout du chemin, suivre la route à gauche en descente. Franchir le pont, et prendre à droite sur le chemin de halage. Longer le canal pendant plusieurs kilomètres. Passer devant le camping, et continuer le long du canal. Atteindre une rue : la suivre vers la gauche.

(2 : 63 m - 10 km) Rouler rue Victor Clairet, passer la première intersection, laisser la rue à gauche, puis prendre le chemin agricole à gauche (balisage jaune du PR). Poursuivre en face au croisement, puis en face en traversant la rue, et continuer, chemin des Cardennes. Ne pas s'occuper des deux chemins à gauche. Au bout, aller à droite, puis au stop, à gauche sur la D97. Franchir la Marne sur le pont, puis juste après les rails de sécurité, traverser la route, et prendre à gauche la sente en descente (balisage jaune). En bas, se diriger à droite. Tourner sur le chemin à droite, aller en face, rue Saint-Fiacre, puis à gauche, allée de l'Église. Entre les maisons se présente un sentier : le suivre, et se diriger à gauche en arrivant à la rue. Au bout, aller à droite. La rue devient chemin de terre. Longer le mur.

(3 : 55 m - 13,8 km) À l'entrée du bois, prendre la deuxième sente en partant de la droite, qui s'enfonce entre les arbres. Laisser le chemin de gauche, et celui de droite, puis passer le carrefour. Tourner sur la première sente à gauche. Atteindre un chemin caillouteux : le suivre vers la droite. Atteindre une route : la traverser, et passer la barrière. Virer à gauche au croisement (balisage jaune), puis à nouveau à gauche à la fourche. Laisser le sentier à gauche. Au bout, se diriger à droite, puis tout de suite à gauche. Prendre à droite sur le chemin, passer les deux ponts au-dessus des voies de chemin de fer. Rouler sur la quatrième sente à gauche qui part en diagonale. Arriver sur un chemin : le suivre vers la gauche en descente, puis prendre à droite au croisement. Remonter, franchir l'intersection.

(4 : 84 m - 18 km) Au carrefour suivant, prendre à gauche, puis à nouveau à gauche à la patte d'oie. Prendre à droite à l'intersection, et au bout, aller à gauche en montée (balisage rouge et blanc du GR). Au bout, aller à gauche, profiter de la descente, et poursuivre tout droit jusqu'au passage à niveau. Avant celui-ci, tourner à droite dans le bois pour suivre le GR. Sortir du bois, avant d'y rentrer à nouveau. Le chemin monte. Ne pas s'occuper du sentier à gauche, longer le mur. Continuer tout droit sans s'occuper des sentiers à droite et à gauche. Le chemin devient rue. Prendre la deuxième à gauche, et au stop à gauche. Traverser les rails et rejoindre le parking à droite.

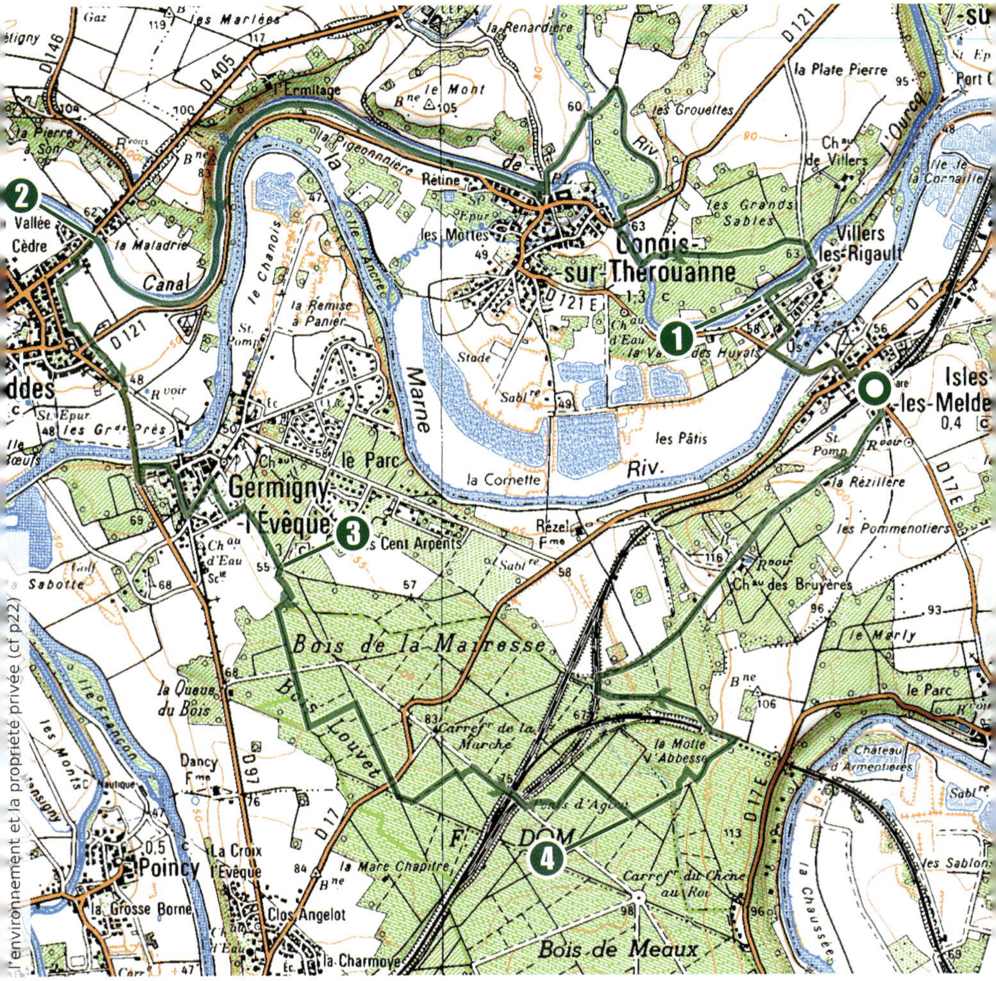

l'environnement et la propriété privée (cf p22)

Découverte : *Ce circuit tourne autour de la réserve naturelle du Grand-Voyeux. Cette ancienne sablière, composée de marais, roselières, prairies humides et boisements, offre une diversité biologique et ornithologique exceptionnelle : milan noir, vanneau huppé, chouette effraie, héron cendré...*

27. DE TRILPORT À MONTCEAUX

V3

Distance **26 KM** D+/D- **180 M**
Durée **2H00** Difficulté **V3**

Ce circuit en huit autour du bois Le Comte et de la forêt de Montceaux présente de beaux sentiers larges et de jolies descentes. Dans le bois Le Comte, un itinéraire vous est proposé mais vous pourrez choisir les chemins que vous souhaiterez en fonction de vos capacités. En arrivant en bas, suivez le cours d'eau vers la gauche pour retrouver le parcours.

Itinéraire

(61 m) Départ de la gare de Trilport. Laisser la gare derrière. Au stop se diriger à droite, puis au bout, faire un droite-gauche pour rouler rue du Bac. En bas, longer la Seine vers la gauche (balisage jaune du PR). Laisser la rue à gauche, et passer sous le pont. Ne pas prendre le sentier à gauche, et continuer en face. Longer le champ, puis traverser le bosquet. Après le hangar en ruine, tourner à gauche. Longer le champ, puis rejoindre la route en franchissant la barrière métallique. La suivre vers la gauche, puis avant les habitations, entrer dans le bois à droite sur la sente. La suivre jusqu'à la route : la suivre vers la droite. Elle monte, puis descend. Sur la gauche se trouve un terrain de cross : juste après celui-ci, prendre à gauche sur le chemin de terre.

(1 : 52 m - 2,6 km) Le suivre jusqu'au croisement, et monter à droite (balisage rouge et blanc du GR). En haut, traverser la route, et continuer la montée. Se diriger à droite à l'intersection, puis en face au croisement, en direction du bois. Aller en face à l'intersection, puis à la suivante, à nouveau en face, chemin du Jeu d'Arc. Lorsque la rue tourne à droite, virer à gauche sur le chemin forestier. Sortir du bois, longer le pré puis le centre équestre. Rentrer dans le bois et prendre le premier sentier à gauche. À droite au bout, laisser les deux chemins de gauche et celui de droite, puis à la fourche, descendre à gauche. Attention, la descente peut s'avérer technique. Aux trois intersections suivantes, prendre à gauche, puis à droite aux deux suivantes. Aller à gauche à la patte d'oie, puis en bas à gauche. Longer le ru des Cygnes, sans s'occuper des sentes à gauche, jusqu'au pont.

(2 : 65 m - 9 km) Longer le bois en montée. Franchir l'intersection, puis à la patte d'oie, prendre à gauche. Rouler en face au croisement, puis à droite le long du golf. Monter la butte, puis suivre le sentier sur la gauche. Traverser la rue, poursuivre en face aux deux intersections, et rouler jusqu'à atteindre la barrière métallique. Franchir le chemin, puis continuer à nouveau tout droit deux intersections. Aller sur la gauche, passer le pont, et monter le chemin. Faire un droite-gauche pour rejoindre la route. Prendre le chemin de droite en face (balisage rouge et blanc). Arrivé à la route, descendre à gauche, puis entrer dans le bois à droite. Profiter de la descente, et au bout, prendre à droite en montée. Prendre à droite à la patte d'oie. Monter le chemin, et à la sortie du bois, prendre à gauche, et rouler jusqu'à la route.

(3 : 121 m - 16,1 km) Remonter la rue à droite, puis au rond-point, prendre à gauche, rue du Château. Ne pas s'occuper de la rue à droite, puis au stop, tourner à gauche, rue de Lizy. Descendre la route. Devant le cimetière, entrer dans le bois à gauche, derrière la barrière en bois. Franchir le croisement, puis prendre la deuxième à gauche. Suivre la route vers la droite. Au stop, franchir la route, puis sur le parking,

suivre la sente à gauche. Devant la table, à la fourche, aller à gauche. Longer la route. En arrivant sur le chemin (barrière en bois à gauche), poursuivre à droite. Par endroit, le chemin peut être boueux : prendre les sentes à gauche et à droite qui évitent ces zones. Poursuivre tout droit en laissant les sentiers à droite et à gauche, jusqu'à atteindre un large chemin caillouteux : le traverser. Au croisement suivant, virer à droite. Franchir l'intersection, puis prendre à gauche à la suivante. Poursuivre tout droit au carrefour.

(4 : 76 m - 23,4 km) Franchir les deux ponts au-dessus des voies ferrées. Prendre la sente à gauche en descente, puis au bout, à nouveau à gauche, et longer la voie ferrée. Laisser le chemin de droite. Le sentier devient sente. Le suivre jusqu'à sortir du bois. Traverser le champ, puis suivre le chemin caillouteux vers la gauche. Continuer tout droit jusqu'au stop. Aller à gauche sur le trottoir pour passer le pont, puis juste après à gauche pour descendre les escaliers. Rouler jusqu'à la gare de départ.

28. LA VALLÉE DU PETIT MORIN

V3

Distance **38 KM** D+/D- **580 M**
Durée **3H00** Difficulté **V3**

Aux portes de la Marne se situe la vallée du petit Morin, limite de l'avancée de la bataille de la Marne. Le long du parcours, des panneaux retracent l'histoire de la région. De nombreux chemins sillonnent le secteur où le plaisir de grimper sera assouvi.

Itinéraire

Carte : voir pages suivantes

(85 m) Départ de la place de l'Église, à Villeneuve-sur-Bellot. Traverser le carrefour, et monter, rue de Montflageol. À hauteur de la caserne des pompiers, aller à droite, traverser le parking, et rouler sur le sentier entre les murs. Au bout, tourner à gauche, et monter en face entre les maisons, sur la sente (balisage jaune).

(1 : 100 m - 0,2 km) Laisser le sentier à gauche, traverser le croisement, puis franchir la rue (fin du balisage). Suivre le chemin à gauche en descente. Il devient rue. Laisser celle de droite, passer le virage à droite, puis au bout, aller vers la droite. Poursuivre en face à l'intersection, puis prendre à gauche après la première maison, et au fond de la place à gauche. La ruelle devient chemin de terre. Dans le bois, prendre à gauche au croisement, puis en face au suivant. Atteindre la route : la suivre vers la gauche. 200 mètres plus loin, à hauteur de la croix, aller à droite sur le chemin. Prendre la première à gauche et descendre. Sortir du bois, tourner sur la première à droite, et continuer à travers champs. Longer le bois, et monter le chemin à droite. Ne pas s'occuper du chemin à droite, entrer dans le bois, puis aller à gauche. Au bout, suivre le chemin vers la droite, sortir du bois et le longer. Laisser le chemin de gauche, puis prendre le suivant. Il évite de rouler dans le ru. Revenir sur le chemin principal. Au croisement, après le bois, se diriger à gauche.

(2 : 171 m - 6,2 km) Traverser le croisement, puis devant la maison, aller à gauche, sur le sentier herbeux. Prendre à droite. La sente devient chemin, puis rue. Au croisement, poursuivre en face. Au suivant, prendre à droite. Au stop, prendre à nouveau

Histoire : *La vallée du Petit-Morin offre un relief propice à la défense. Durant la première guerre mondiale, les britanniques sont parvenus à forcer la rivière et à changer une situation très difficile en « miracle de la Marne ». Tout le long de la rivière, des panneaux retracent cet épisode et rendent hommage aux soldats engagés dans le conflit.*

à droite. Tourner à gauche pour franchir le pont, puis, à hauteur du centre équestre, à droite sur le chemin. Laisser les sentiers à gauche. Aboutir sur un large chemin : le suivre vers la droite. Poursuivre tout droit, jusqu'à la route : la traverser, et continuer

sur l'ancienne voie ferrée. Atteindre la route : la suivre vers la droite. Lorsqu'elle tourne à droite, 200 mètres plus loin, continuer en face. Ne pas s'occuper du chemin à droite, laisser celui de gauche. Arriver à hauteur du terrain de basket : le contourner par la droite.

(3 : 70 m - 13,7 km) Atteindre une route : la suivre vers la droite. Franchir le pont, et au stop, prendre à gauche. Au stop suivant prendre à droite, longer l'église, puis tourner à gauche, rue des Picards, en direction du cimetière. Monter. La rue devient sentier,

et continue à grimper. Ne pas s'occuper du sentier venant de la gauche, passer le croisement et remonter à gauche. Suivre la route à droite, puis lorsque celle-ci tourne à droite, prendre la rue à gauche (balisage jaune). Devant la maison, aller à droite, et continuer tout droit jusqu'à la route. Descendre à gauche, puis à droite à la patte d'oie. Tourner tout de suite à gauche sur le chemin, laisser celui arrivant à droite, et longer le bois. Y entrer à gauche, et profiter d'une très belle descente. À la route, remonter à gauche. 50 mètres plus loin, prendre à droite sur le chemin. Il devient rue. Ne pas s'occuper du passage à droite, et lorsque celle-ci tourne à droite, poursuivre en face sur le chemin. Longer le mur, remonter à gauche, puis prendre à droite à la fourche. Aller en face aux deux croisements suivants. Atteindre la route : la descendre vers la droite.

(4 : 80 m - 21,4 km) Au stop, poursuivre en face. Laisser la ruelle à droite, et à la patte d'oie, prendre à droite. Passer le pont, puis tourner à gauche après l'ancienne gare, rue du Montcel. Monter la rue, puis lorsqu'elle tourne à droite, emprunter le chemin à gauche. Il monte et aboutit à la route : la suivre vers la gauche. Ne pas s'occuper des chemins à gauche et à droite, puis à la patte d'oie, prendre à gauche. À la suivante, prendre à gauche, et descendre sur le chemin. Suivre le sentier à gauche. Attention : deux gros arbres sont en travers et nécessiterons un portage. En bas, suivre le chemin vers la droite, jusqu'à la route. Prendre la deuxième à droite sur le chemin herbeux, entre les maisons, et entrer dans le bois. Dans la montée, laisser la sente à gauche, traverser la route, et à l'intersection suivante, aller à gauche. Le chemin descend alors sur plusieurs kilomètres. Durant la descente, passer les trois croisements et franchir deux ponts. À l'issus de ceux-ci, au carrefour, monter à droite. Ne pas s'occuper du chemin de gauche, ni de la sente à droite. Au bout, suivre la rue à gauche, puis prendre à nouveau à gauche sur le chemin qui descend. Traverser la route, et aboutir au pied du centre équestre.

(5 : 84 m - 30,5 km) Prendre vers la droite, laisser le pont à gauche, et poursuivre en face. Aller à gauche à la fourche, et en face aux deux croisements suivants. Poursuivre la deuxième à droite, rue des Avones, en montée. Prendre à gauche dans la ruelle. Au stop, prendre à droite, puis tout de suite à gauche, rue de la Piscine. La longer, et monter à gauche aux deux fourches suivantes. A la sortie du bois, continuer en face, puis prendre à gauche. Poursuivre tout droit au croisement et arriver sur un chemin : le suivre vers la droite. Prendre à droite à l'intersection, passer au milieu des habitations. A la sortie du bois, virer à gauche. Poursuivre en face à l'embranchement pour rentrer dans le bois, et descendre. Suivre l'embranchement de droite, puis atteindre la route : la suivre vers la gauche. Descendre le sentier à droite. A la sortie du bois, traverser la rue, puis au stop, poursuivre en face pour arriver derrière l'église de départ.

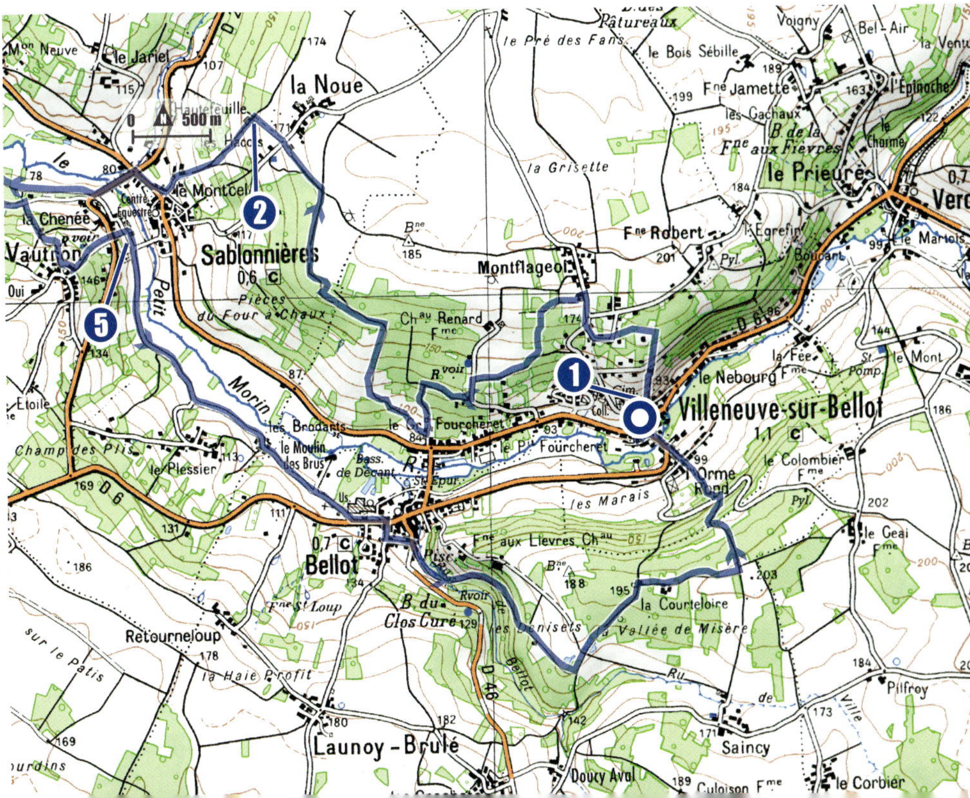

29. LE CIRCUIT DES NOYERS

V3

Distance **21 KM** D+/D- **270 M**
Durée **2H00** Difficulté **V1**

Quelle jolie sortie autour de la vallée du Grand Morin ! De jolis chemins, parfois techniques dans certaines descentes, de la forêt et des prés. Attention : si le temps est humide, le parcours peut vite devenir difficile et les chemins glissants.

Itinéraire

(106 m) Départ du parking à côté de l'église de Voulangis. À la sortie du parking, prendre à gauche, et passer devant l'église. Au stop, aller à gauche en montée. Avant le passage piéton, emprunter le chemin herbeux à gauche, derrière la barrière en bois. Laisser le chemin venant de la droite, et au bout, remonter la rue à droite. Au croisement, tourner à gauche, puis prendre la première à droite, ruelle des Favris.

(1 : 129 m – 0,9 km) La ruelle devient chemin herbeux. Au bout, prendre à gauche, puis à droite pour entrer dans le bois. Au croisement, vers le verger, aller à gauche en descente. Ne pas s'occuper du chemin arrivant de la gauche. Le chemin tourne à droite, et passe sous les lignes à haute tension, et sillonne jusqu'à la sortie du bois. Aboutir sur un chemin caillouteux : le suivre en descente à gauche, puis prendre à nouveau à gauche sur le GR (balisage jaune). Remonter dans le bois. Prendre le deuxième chemin à droite. Le début de la descente est caillouteux et raide. Atteindre la route : continuer vers la gauche. Franchir le pont à droite, et laisser les deux rues de gauche. Lorsque la route tourne à gauche, la suivre, puis prendre en montée à droite, rue de la Fontaine. La rue devient chemin herbeux et longe le ru de Biche. En haut, prendre à droite, puis à nouveau à droite sur le chemin agricole qui s'éloigne du ru.

(2 : 115 m – 6,1 km) À la route, prendre à droite, puis tout de suite à gauche. Au bout, prendre à nouveau à gauche, puis tout de suite à droite pour suivre le GR (balisage jaune). La descente est quelque peu technique au début. À la fourche, aller à gauche sur le chemin principal, puis à droite à la suivante. Laisser le chemin venant de gauche. Au bout, tourner à droite, puis à gauche. En bas, au croisement, suivre le

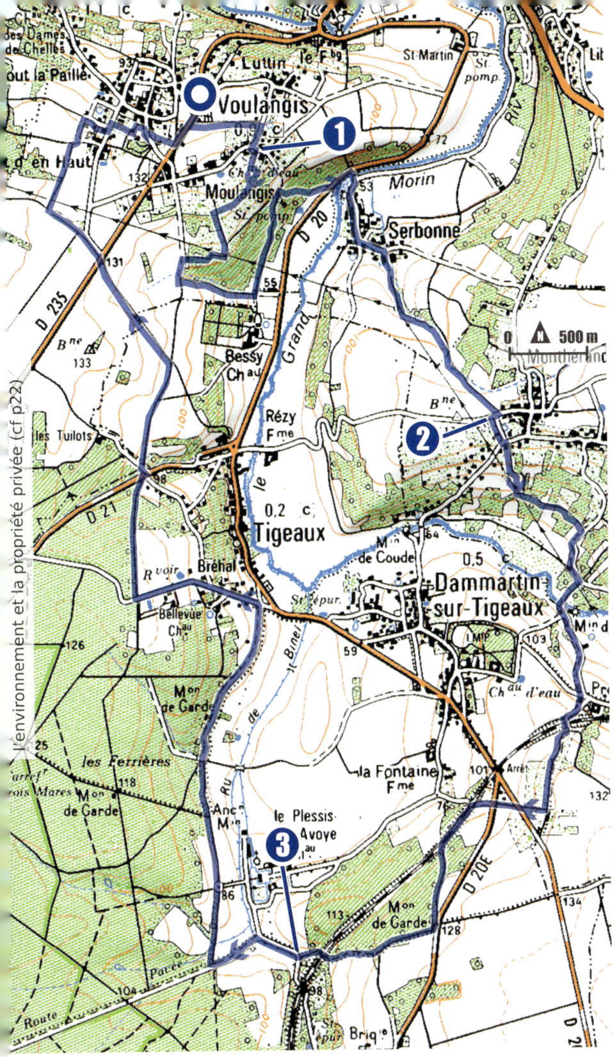

l'environnement et la propriété privée (cf p22)

GR à droite, et passer sur le pont au-dessus du Grand Morin. Laisser le chemin de droite et monter en face. Traverser la route, puis franchir le pont à gauche au-dessus de la voie ferrée. De l'autre côté, tourner à droite. Prendre à gauche à la fourche. Laisser les deux sentes venant de la gauche. Poursuivre en face à l'intersection, sortir du bois, et le longer. Prendre la deuxième à droite en descente sur le chemin caillouteux. Le chemin devient terreux et chaotique. Il est possible de rouler au bord du champ pour le longer. Traverser la route, et au carrefour suivant, continuer tout droit. Avant le pont, remonter le chemin à gauche pour entrer dans le bois. Laisser la sente à droite. A la sortie du bois, suivre la route à droite sur une vingtaine de mètres, avant de prendre le chemin qui descend à droite. Poursuivre en face, et passer sous le pont.

(3 : 75 m – 11,9 km) Atteindre la route : la suivre vers la droite. Prendre à gauche sur le chemin agricole, en montée. Le bois devant est privé, il n'est pas possible d'y rouler. En haut, prendre à droite pour descendre, entrer dans le bois, et monter. Franchir les deux croisements. Le chemin devient rue. Monter à gauche. En haut, après le panneau d'agglomération de Tigeaux, emprunter la passerelle en bois, et la sente à droite qui longe le bois. Y entrer, et descendre. À la route, faire un droite-gauche pour poursuivre sur les chemins. Aller à droite, et sortir du bois. Au croisement, prendre à gauche, en montée. Traverser la route et poursuivre en face. Lorsque celle-ci tourne à droite, continuer en face. Laisser le chemin de gauche, puis prendre à droite à l'intersection. Au bout, tourner à droite puis tout de suite à gauche. Virer à droite, sente de la Mare Potier, et continuer tout droit, jusqu'à la rue du Bout d'en Haut. Aller à gauche, puis à droite, ruelle de la Rondet. Au bout, prendre à droite, puis à gauche, sente des Rousseaux. Atteindre la D235 : descendre à gauche. Prendre à droite, rue de l'Église, pour un retour au point de départ.

30. LE GRAND MORIN

V3+

Distance **43 KM** D+/D- **440 M**
Durée **3H40** Difficulté **V3+**

Une sortie agréable, avec plusieurs belles descentes parfois difficiles. Il faudra jouer de technique dans certaines d'entre elles, les cailloux étant au rendez-vous.

Itinéraire

Carte : voir pages suivantes

(106 m) Départ du parking de la gare de Morcerf. À la sortie, aller à droite, traverser les rails, et prendre à gauche. Le chemin longe le bois. À la patte d'oie, prendre à gauche, sur le pont au- dessus des rails. Laisser le sentier de gauche. Arriver à la route : la suivre vers la gauche, puis se diriger à droite sur le sentier balisé en rouge et blanc. Au croisement, prendre à gauche. Le chemin devient rue. Laisser celle qui vient de gauche, et continuer jusqu'au bout. Continuer à droite, puis à gauche sur le chemin, et à nouveau à gauche. Continuer jusqu'à la route.

(1 : 123 m - 3 km) Traverser la route, et rouler sur le chemin agricole (balisage rouge et blanc du GR). Au bout, traverser la route puis en atteindre la suivante : la suivre vers la gauche. Prendre la première à droite. Au croisement, tourner à gauche, puis tout de suite à droite, chemin Blanc. Ne pas s'occuper du chemin à droite, traverser la route, puis arriver sur un chemin bitumé : le suivre vers la droite. Laisser les deux intersections à gauche, puis les deux à droite. Longer le bois. Ne pas s'occuper du chemin de gauche. Passer la barrière, et suivre le sentier de gauche (balisage rouge et blanc). Au croisement, aller à droite, puis au suivant à gauche. Traverser la route derrière la barrière, prendre la sente à droite, et tout de suite à gauche. Passer les deux croisements. Traverser le chemin en suivant le GR, poursuivre en face aux deux intersections suivantes. Aboutir sur le sentier : faire un droite-gauche, toujours en suivant le balisage rouge et blanc. Continuer tout droit à l'intersection, puis prendre à droite à la patte d'oie. Franchir l'intersection. Aboutir sur un chemin : le suivre vers la droite. Le quitter pour la première sente à gauche (sentier du GR). Prendre la deuxième à droite, puis à l'intersection à gauche. Continuer tout droit jusqu'à la route.

(2 : 119 m - 12,4 km) Franchir la route, et suivre le sentier en face à gauche, en descente. Franchir la rue, et poursuivre la descente le long des habitations. En bas, aller à gauche, laisser la rue à gauche, puis à la fourche, prendre à gauche, direction « Les Bordes ». Monter la rue du Gouffre à gauche. Elle devient sentier. Prendre la première à droite, et au bout à droite. Laisser le chemin à droite en descente. Au croisement suivant, descendre le chemin à droite. À la route, aller à gauche en montée. Prendre le sentier qui descend à droite. Au bout, à la rue, monter à gauche, et prendre en haut à droite. Suivre le sentier à droite en descente. En bas, continuer à gauche. Un chemin se présente à gauche : l'emprunter. Il monte fort, il faudra peut-être pousser le vélo. En haut, prendre à droite. Descendre sur la troisième sente à droite, après le grillage. Attention, la descendre est technique. En bas, suivre la lisière du bois à gauche, et poursuivre jusqu'à la rue.

(3 : 69 m - 17,4 km) Tourner à droite sur le pont, puis à gauche, rue des Sapins. Prendre le chemin à droite, en montée. Laisser le chemin de droite, puis traverser la route. Monter la rue Saint-Jacques, puis au bout, tourner à gauche. Longer le bois, et un peu plus loin, descendre la sente à gauche. Prendre à droite à la fourche, franchir le ru. Le sentier tourne à gauche. Sortir du bois. Au croisement, prendre à droite pour rentrer

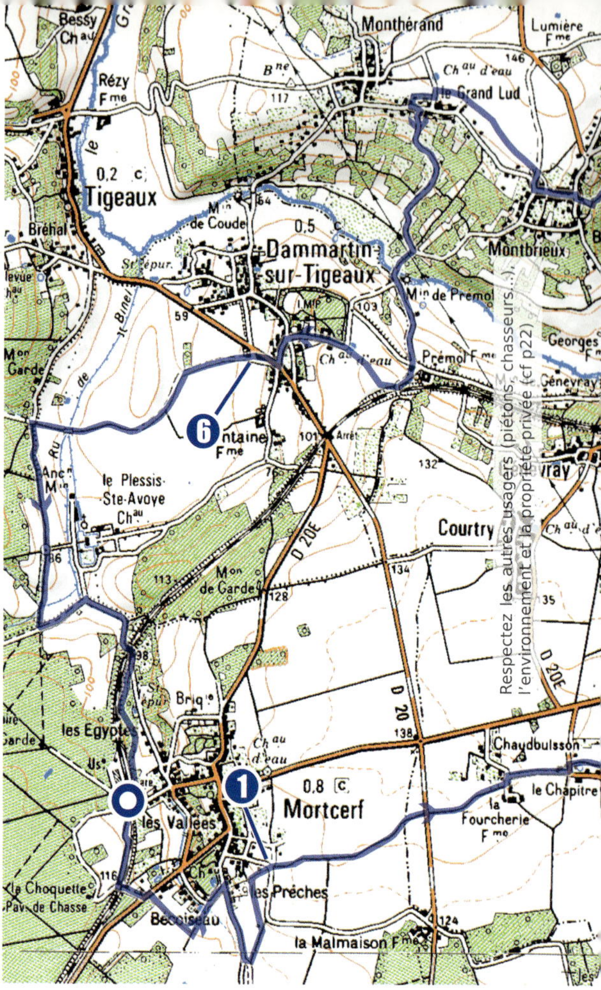

dans le bois, puis à gauche. Traverser la route, direction « Le Poncet ». Laisser la rue à droite, puis la sente à gauche. Franchir le pont, puis prendre la première à gauche. Ne pas s'occuper de la rue à droite, puis prendre le deuxième sentier à droite. Il monte d'abord à travers champs, puis dans le bois. Poursuivre jusqu'en haut, derrière les blocs de pierre. Franchir le croisement, puis au suivant, prendre à droite en descente. Laisser les chemins de gauche et de droite. Lorsque le sentier tourne à droite, poursuivre en face sur la sente derrière les blocs. Laisser les deux sentes à gauche, puis en bas, aller à gauche. Longer le rail de sécurité vers la gauche, puis traverser la route pour rentrer dans le bois sur la droite (balisage jaune du PR). À la sortie du bois, le sentier devient chemin et monte. Continuer tout droit jusqu'à la route : la traverser, et poursuivre, rue des Godets. Au croisement, prendre à droite, en descente, jusqu'à la voie de chemin de fer.

(4 : 94 m - 24 km) Franchir la voie ferrée, puis tourner tout de suite à gauche. Longer les rails jusqu'à la route, sans s'occuper des sentes et chemins de droite. À la route, prendre à droite, rue d'en Bas. Poursuivre tout droit jusqu'au stop, puis se diriger à droite. Franchir les trois ponts, tourner à droite sur le chemin. Entrer dans le bois, et longer le cours d'eau. Prendre la deuxième sente à gauche, en montée. En haut, suivre la rue à gauche. Elle devient chemin. Traverser la rue, et rouler, sente de la Croix Saint-Blandin. En bas, tourner à droite. Continuer tout droit aux différentes intersections, jusqu'à la route : la traverser. Le chemin descend et remonte. Au croisement, virer à droite, puis à gauche, toujours en montée. Laisser le chemin à droite. À la route, traverser le croisement, puis tourner tout de suite à gauche sur le sentier. Prendre à gauche à la patte d'oie, puis à droite à la suivante. Continuer tout droit à l'intersection, puis prendre au bout à gauche, en descente. Attention à la descente, elle est caillouteuse. Prendre à gauche à la fourche, puis à droite.

(5 : 60 m - 32,1 km) Atteindre la route : la suivre vers la droite. Au stop, continuer en face, rue de Bicheret, puis à droite en montée, ruelle de la Grimpette. La ruelle devient sentier. Au croisement, prendre à droite. Le sentier devient ruelle. Au bout, poursuivre à droite, puis à gauche au stop. Prendre à droite, rue de Dammartin, puis lorsque celle-ci tourne à gauche, aller en face sur le chemin herbeux. Prendre à gauche à l'intersection. Laisser

les deux sentiers à gauche et continuer jusqu'à la route. Avant les maisons, emprunter le chemin à droit. Au croisement, prendre à gauche. Suivre la rue à gauche, et à droite sur le chemin. Aller à gauche à la patte d'oie, puis en face aux quatre intersections suivantes. Tourner à droite au croisement, traverser le pont, et remonter sur la gauche. Poursuivre en face à l'intersection, puis traverser la route. Prendre à droite, et laisser le pont au-dessus des rails à gauche. Le chemin devient rue. Aller en face à l'intersection en descente, puis au stop à gauche. Prendre à droite à l'intersection, puis à gauche sur le chemin, et laisser le chemin à droite.

(6 : 72 m - 38,5 km) Longer le cimetière, et poursuivre tout droit aux deux croisements. Passer le ru de Binet. Entrer dans le bois, et tourner à gauche. Traverser le croisement. Le chemin descend et remonte. En haut, aller à gauche, en descente. Atteindre la route : la suivre vers la droite, en montée. Laisser le chemin de gauche, passer sous le pont, puis tourner à droite derrière la barrière, sur le sentier dans le bois. Continuer tout droit sur le chemin du GR (balisage rouge et blanc), traverser le ru et franchir la barrière. À la sortie du bois, tourner à droite pour un retour au parking de départ.

PLAINE DE FRANCE

Aux portes de la petite couronne parisienne, coincée entre le pays de Maux à l'est, par la Brie au sud et par le PNR Oise,Pays-de-France au nord, la Plaine de France est une petite région naturelle relativement urbanisée. Les villes nouvelles de Marne-la-Vallée et Chelles présentent la possibilité de sorties agréables dans les parcs ainsi que le long de l'aqueduc alimentant la région parisienne et la Marne.

Sur les différents coteaux de cette région, le dénivelé s'accentue et certains passages peuvent être plus ludiques, voire techniques. Ceux qui le souhaitent, peuvent même cumuler plusieurs parcours pour aligner les kilomètres. Les moins aguerris trouveront des circuits faciles d'accès et roulants, pouvant se faire en famille. Pique-nique dans le sac à dos et c'est parti...

31. DU NORD...

V2

Distance **23 KM** D+/D- **50 M**
Durée **1H40** Difficulté **V2**

Voici une sortie roulante, débutant le long de l'Ourcq et se poursuivant à travers les plaines agricoles du plateau parisien. Profitez d'une petite pause sous les platanes de la place du château à Nantouillet, après avoir roulé sur les chemins pavés de la région. Ceux qui souhaitent faire plus de kilomètres, pourront compléter avec le parcours avec « Claye Souilly Sud ».

Itinéraire

(54 m) Départ sur le parking à côté du commissariat, place Charles de Gaulle, à Claye Souilly. Se diriger vers la droite de l'hôtel de ville et suivre le canal de l'Ourcq vers la gauche.

(1 : 56 m - 0,1 km) Longer l'Ourcq derrière la barrière en bois sur 4,1 km, en passant sous la N3. Devant le pont, prendre à gauche, puis à droite sur la piste cyclable, pour passer de l'autre côté. Suivre le balisage jaune du PR, à droite sur l'autre rive. Le sentier rejoint la route. L'emprunter sur la droite, puis à nouveau à droite à la fourche. Traverser le parking et poursuivre derrière la chaine. Prendre à gauche pour laisser la passerelle, et longer la rivière. Le chemin tourne à droite, et emprunte le pont au-dessus de la ligne TGV. Descendre la première à gauche, puis au croisement, poursuivre en face pour longer la rivière. Continuer tout droit au croisement, puis prendre à droite à l'intersection. Passer le long des cours de tennis. Suivre le chemin à droite, et arriver à la route : la suivre vers la gauche. Passer devant l'église, puis virer à droite, rue de Cybelle. Poursuivre tout droit jusqu'à la barrière métallique devant le cimetière.

(2 : 64 m - 5,6 km) Avant la barrière, prendre le chemin à droite. Il entre dans le bois. À la fourche, aller à gauche, puis en face au croisement, et enfin à gauche au bout, pour sortir du bois. Atteindre le chemin agricole : le suivre vers la droite. Prendre à droite devant le centre de collecte de déchets verts. Laisser le chemin à droite, franchir le pont, et poursuivre en face au croisement. Le chemin remonte et longe un centre équestre, pour atteindre la commune de Saint Mesmes. Prendre la deuxième à gauche, rue du Four. Traverser la départementale, et poursuivre sur le chemin rural de Saint Mesmes à Vineuil. Longer le terrain de foot et le cours de tennis, puis virer à gauche sur le chemin agricole qui descend. Celui-ci traverse un ru, et tourne à droite pour le longer. Le chemin devient rue. Continuer à gauche sur le chemin herbeux pour rester du même côté du ru, et aboutir sur un chemin pavé.

(3 : 79 m - 10,1 km) Suivre la route pavée vers la gauche, puis monter à gauche à la fourche. Rouler tout droit jusqu'à longer le cimetière de Nantouillet. Au croisement, emprunter le sentier qui monte en face, puis prendre à gauche en descente. En bas, poursuivre à droite sur le chemin, traverser le pont, et emprunter la sente à gauche. Celle-ci descend et vire à gauche avant de remonter sur la place du Château. Au croisement, prendre à gauche, rue de Maux. Laisser les rues à droite et à gauche, puis repasser le long du cimetière en le laissant à main droite. Le chemin remonte alors. Au croisement, se diriger à droite, puis descendre. Ne pas s'occuper du chemin de droite.

(4 : 83 m - 16,3 km) En bas, à la fourche, aller en face, puis à nouveau en face sur la route. Suivre le chemin à droite vers les hangars. Remonter la route vers la gauche, puis au stop, prendre à droite. Passer devant le hangar, puis emprunter le chemin agricole à gauche. Poursuivre en face aux deux intersections suivantes, ainsi qu'au stop. Emprunter la rue à droite, poursuivre en face aux deux intersections suivantes, et continuer, rue Bardin (voie sans issue). Au croisement, prendre à gauche, puis à droite à la fourche à travers champs. Au bout, tourner à droite pour longer la voie de chemin de fer, puis à gauche sous les deux ponts. Laisser les deux chemins à gauche, et remonter sur le troisième pont au-dessus de la voie ferrée. Descendre le chemin, ne pas s'occuper de celui de gauche, puis passer sous la N3. Le chemin devient rue. À la fourche, poursuivre en face, longer le cimetière, et continuer tout droit jusqu'au feu. Traverser le pont à gauche, puis prendre à droite au feu, pour rejoindre la place et le parking de départ.

l'environnement et la propriété privée (cf p22)

Quand Nantouillet fut capitale de la France : *Bien entendu, Nantouillet n'a jamais été la capitale de la France. Cette bourgade parmi les plus humbles a cependant eu un passé riche avant de s'endormir. Au XVIème siècle, alors que la monarchie était encore itinérante, elle accueillait en effet le gouvernement de la France, le roi et son chancelier ! La cour se déplaçait de château en château, selon l'humeur du monarque. Elle ne se fixera définitivement, et le gouvernement avec elle, qu'à partir du règne d'Henri IV (1589-1610).*

32. ...AU SUD

V2

Distance **18 KM** D+/D- **80 M**
Durée **1H20** Difficulté **V2**

Après une première montée qui peut être difficile si elle est boueuse, profitez du chemin roulant qui suit l'aqueduc et le GR1. Au niveau de la D404, vous devrez passer derrière la rambarde de sécurité. Prévoyez un petit portage. Le retour par le canal de l'Ourcq est bien agréable, surtout si vous avez enchainé cette boucle avec celle de « Claye Souilly Nord ».

Itinéraire

(54 m) Départ du parking à côté du commissariat, place Charles de Gaulle, à Claye Souilly. Prendre à gauche du commissariat dans le parc André Malraux. Le traverser, franchir le pont, et en sortir. Suivre le chemin vers la gauche. À la route, aller à droite. Poursuivre en face aux deux intersections suivantes, puis à gauche, rue Fleury. Continuer tout droit au croisement, puis à l'intersection. Tourner à droite à l'intersection suivante, puis poursuivre en face sur la sente des Arzillières, entre les murs.

(1 : 50 m - 1 km) Laisser le chemin à gauche, poursuivre en face au croisement pour longer les maisons, puis poursuivre à travers champs. Franchir l'intersection, entrer dans le bois, et grimper. Le chemin pet être boueux. Attention à rester sur celui-ci, le bois se trouve au-dessus d'anciennes carrières et peut être dangereux. En haut, suivre le large chemin à gauche (balisage rouge et blanc du GR1), jusqu'à la barrière métallique. La franchir, puis passer la seconde barrière, et poursuivre. Tourner à gauche pour passer sous le pont.

(2 : 128 m - 4,9 km) Franchir la barrière sur le GR, et continuer tout droit jusqu'à la route. La traverser derrière la barrière, puis après le virage, monter le sentier à gauche derrière la barrière métallique. Une nouvelle barrière se présente avant d'atteindre la rue. Au bout, se diriger vers la droite, passer devant la croix, puis prendre à gauche à la fourche. Descendre sur la sente à gauche dans le pré. Cette dernière entre dans le bois. La sente à gauche est plus roulante. En bas, traverser la rue, et continuer la descente. Au bout, prendre à gauche sur le chemin caillouteux. Celui-ci devient herbeux dans le bois. Continuer en face à la croisée, puis sortir du bois. Y rentrer à nouveau. Passer la barrière en bois, et atteindre la route.

(3 : 45 m - 9,7 km) Passer derrière la rambarde de sécurité à droite. Longer la départementale sur la sente, puis descendre à droite. Passer devant l'entrée du camping, poursuivre à gauche jusqu'au stop. Traverser la route vers le restaurant. Rouler derrière la barrière métallique le long de la Marne. Franchir les deux passerelles, et se diriger à gauche vers le pont. Passer dessous. Laisser le chemin de droite, continuer en face au croisement, puis après les puits de pétrole, prendre le chemin à gauche. Il devient rue. Prendre à droite au croisement. Laisser la rue à gauche, puis poursuivre en face à l'intersection. Suivre le canal à gauche avant le pont. Passer sous six ponts. Le canal rejoint les habitations de Claye Souilly. Au feu, descendre à gauche, pour un retour au parking de départ.

Patrimoine : *La rivière Ourcq est un cours d'eau prenant sa source dans l'Aisne et se jetant dans la Marne, à Mary sur Marne. Dès le XVIe siècle, elle suscite l'intérêt des bateliers et est rapidement aménagée pour permettre l'acheminement de bois de chauffage et de construction vers Paris.*

A partir du XIXe siècle, Napoléon décide de créer un canal reliant la rivière Ourcq à Paris, pour tenter de résoudre les graves problèmes d'alimentation en eau que subit la capitale à cette époque. Le canal de l'Ourcq, dont la construction s'achève réellement en 1821, permet également l'établissement d'une nouvelle voie de transport de marchandises vers la capitale.

33. LES PARCS DE NOISIEL

V2

Distance **16 KM** D+/D- **30 M**
Durée **1H15** Difficulté **V2**

Qu'est-ce qu'on peut faire ? Si on se faisait une balade à Champs-sur-Marne ? Voici une très jolie sortie en ville, autour de la Marne et des étangs de Noisiel. Le parc du château de Champs-sur-Marne est propice au pique-nique et à la flânerie. Une sortie assurément familiale. Dans les parcs, restez sur les chemins, les vélos sont interdits dans les bois.

Itinéraire

(95 m) Départ de la gare de Noisiel, place Charles de Gaulle. Gare dans le dos, prendre à gauche. Traverser la rue, puis poursuivre tout droit sous les platanes. Passer à côté de l'aire de jeux. Traverser la rue, puis le pont au-dessus du boulevard. Continuer tout droit jusqu'à la route : la traverser, et poursuivre vers la Grille d'Honneur du parc de Noisiel.

(1 : 78 m - 1 km) Après avoir passé la grille, suivre le chemin à gauche, puis prendre à nouveau à gauche à la fourche. Au bout, poursuivre à droite en descente. Laisser le chemin de droite, puis au croisement suivant, prendre en face à droite. En bas, au bout du chemin, poursuivre à gauche. Aller à droite à la fourche, puis emprunter le pont à gauche. Juste après, tourner à droite pour rejoindre le chemin de halage le long de la Marne. Le suivre vers la gauche. Traverser la rivière sur la passerelle à droite, puis prendre juste après à droite sur la sente. Suivre le cours d'eau sans s'occuper des chemins à gauche. Aboutir sur un large chemin gravillonné : rester dessus. Passer à proximité du barrage de Noisiel. À l'intersection, aller à gauche, puis à droite pour se diriger vers le centre de voile. Après la barrière en bois, traverser le parking, puis prendre à droite pour passer derrière la grille.

(2 : 40 m - 6,9 km) Emprunter la piste cyclable à droite. Au rond-point, traverser la route vers le stade, et continuer à droite. Franchir le pont. Virer à gauche, puis à nouveau à gauche sous le pont. Après avoir longé la Marne, passer devant le club nautique. A l'intersection, suivre le chemin à droite. Prendre le deuxième chemin à gauche, après le parking. Atteindre la route : la suivre vers la droite. Passer devant l'entrée d'usine, et 15 mètres plus loin, traverser la Départementale pour monter la dizaine de marche dans le bois. Au croisement, prendre à droite, puis à gauche à la

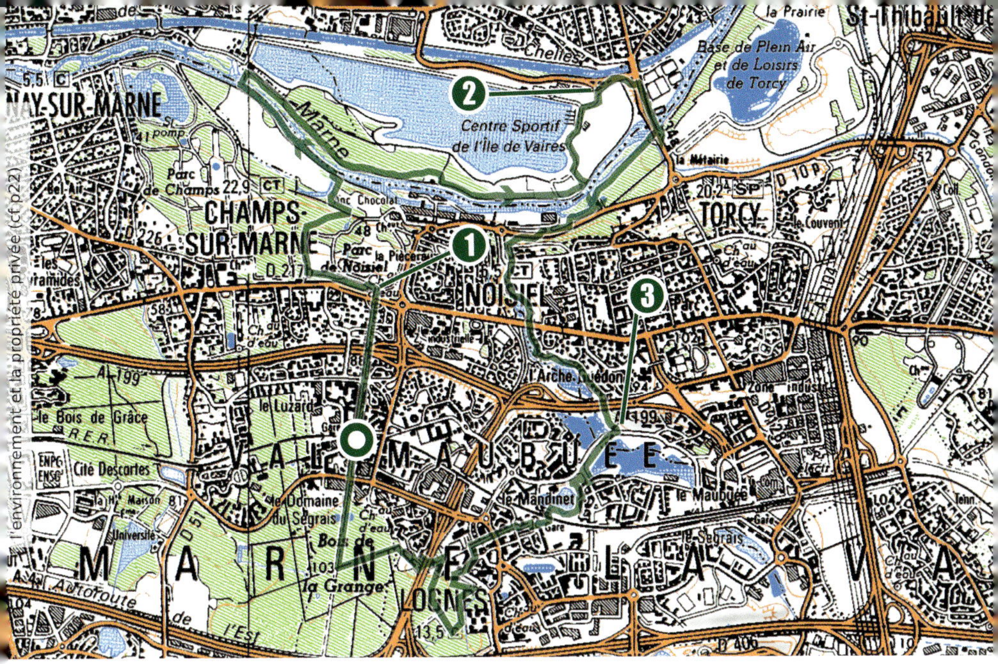

fourche. Poursuivre en face au croisement. Traverser la route, et entrer dans le parc derrière la barrière. Prendre à gauche, puis en face à l'intersection, et tout de suite à gauche en montée. Laisser l'amphithéâtre à droite. Aller à gauche à la fourche pour laisser l'étang sur la droite. Prendre à gauche, puis à droite pour passer sous la route. Aux deux intersections suivantes, bifurquer à gauche, puis à droite, et enfin en face pour longer le nouvel étang. Poursuivre en face aux deux intersections suivantes, et passer sous la route. Juste après, poursuivre en face, et monter vers la route.

(3 : 78 m - 10,8 km) Traverser la route et suivre la piste cyclable à droite. Au bout, aller à gauche puis à droite sur le passage piéton, pour entrer dans le parc. Poursuivre en face, puis prendre à gauche. Laisser les deux chemins à gauche, et au bout, se diriger à gauche pour passer sous la gare. Laisser les marches à gauche, traverser la route, et rejoindre le chemin central sur la droite. Passer à gauche de l'hôtel de ville. Traverser la rue, et poursuivre, allée des Marronniers. Passer sous la route. Prendre la rue à gauche, direction « Auberge de la Fontaine ». Prendre à droite à la fourche, puis à nouveau à droite la rue sans issue (Allée de la Forêt). Après 100 mètres, prendre le sentier à gauche qui entre dans le bois. Au carrefour, virer à gauche, puis au bout de l'allée, à droite. Continuer à gauche, puis prendre la première à droite. Traverser le carrefour, laisser le chemin à droite, et longer les cours de tennis. Après la barrière, passer sous le pont à gauche. Juste après, emprunter le sentier à gauche derrière les blocs de béton juste avant les habitations. Poursuivre à gauche à la fourche pour entrer dans le bois, puis à nouveau à gauche. Prendre la deuxième à droite sur le large chemin. Passer au pied des châteaux d'eau. Traverser le parking, la route, puis rouler sous les platanes pour un retour au point de départ.

Parc de Noisiel : *Sur 87 hectares, ce parc à l'anglaise réunit de multiples espèces d'arbres communs et rares, tels que des pins noirs d'Autriche, des cèdres bleus, des cyprès chauves de Louisiane, des févriers d'Amérique et des platanes centenaires. Lieu fréquenté par Chateaubriand au début du XIXème siècle, il devint, ainsi que le château démonté après la guerre, propriété des industriels chocolatiers Meunier.*

34. ARMAINVILLIERS ET FERRIERE

V3

Distance **50 KM** D+/D- **270 M**
Durée **3H00** Difficulté **V3**

Les forêts d'Armainvilliers et de Ferrières offrent de nombreuses possibilités de parcours. Voici deux boucles, une petite et une grande, à faire en famille ou entre amis. Peu de dénivelé sur l'ensemble des pistes, mais des singles ludiques et beaucoup de forêt.

Itinéraire

Carte : voir pages suivantes

(109 m) Départ de la gare d'Ozoir-la-Ferrière. Traverser le parking à droite, et prendre sous les voies ferrées, sur le GR (balisage rouge et blanc). Partir sur la droite, jusqu'au carrefour suivant.

(1 : 112 m - 400 m) Au carrefour, prendre tout droit sur le sentier qui longe les voies ferrées. Passer sous la D417, et prendre à droite derrière la barrière. Poursuivre tout droit au croisement, puis au carrefour suivant, le chemin principal à droite. Prendre la deuxième à droite sur la sente. À la fourche, virer à gauche. Le single sillonne entre les arbres et aboutit sur un chemin : aller sur la droite. Passer la barrière, puis prendre à gauche pour se diriger vers la mare. Emprunter alors la sente jusqu'à arriver sur le chemin. Passer le pont à droite, puis au carrefour, tourner à gauche. Prendre la première à gauche, jusqu'au carrefour des Étangs.

(2 : 113 m - 6 km) Au carrefour, poursuivre en face, puis à droite, pour rouler sur le GR. Au croisement suivant, continuer tout droit, puis prendre à gauche à la patte d'oie. Aboutir sur un chemin goudronné : le remonter à droite. Traverser le parking, et à l'intersection, prendre le deuxième chemin à droite, toujours sur le GR. Au croisement, poursuivre en face. Au carrefour suivant s'opère la séparation entre les deux circuits. Pour la petite boucle, partir à gauche, rouler jusqu'au deuxième croisement, et prendre à gauche, Route des Princes (se reporter au paragraphe 7 pour la suite du parcours). Pour la grande boucle, partir à droite.

(3 : 114 m – 8,7 km) Rouler sur le chemin, puis prendre à gauche sur le chemin herbeux. Traverser le croisement, et poursuivre en face sur la sente (GR balisage rouge et blanc). Poursuivre tout droit, sans s'occuper des chemins à droite et à gauche, jusqu'à sortir du bois, tout en profitant des singles. A la sortie du bois, poursuivre en face. Le single devient chemin. Prendre la première à gauche sur le chemin herbeux. Longer le bois. Au bout, prendre à droite, puis à nouveau à droite sur le chemin, puis à gauche, rue du Chemin vert. Tourner à gauche sur la D10, puis tout de suite à droite. Franchir le pont dans le bois, puis prendre à droite à la patte d'oie. Emprunter le single à droite. Continuer en face, puis longer le ru. Prendre à droite à l'embranchement, puis à nouveau à droite. Ressortir du bois, et rouler à droite jusqu'au croisement.

(4 : 418 m - 14 km) Prendre le sentier en face, puis à gauche en montée, pour retrouver le GR. En haut, au croisement, partir à droite sur le chemin agricole. Prendre à gauche à l'intersection, pour longer le bois, puis à droite, et à nouveau à gauche. Au deux intersections suivantes, poursuivre tout droit (fin du GR). Prendre à gauche. Le chemin devient single et longe la forêt. Passer les blocs de pierre à l'intersection, et longer la ligne SNCF. Au bout, franchir la barrière, tourner à droite, et traverser le pont. Au bout, à l'embranchement, aller sur la gauche. 200 mètres plus loin, virer à gauche derrière la barrière, sur le chemin de terre. Longer le bois, jusqu'à la barrière, et partir sur la route à gauche, jusqu'aux maisons du Bois Breton.

(5 : 119 m – 22,9 km) Traverser le hameau, puis partir à gauche sur le GR (balisage rouge et blanc). Prendre à droite à l'embranchement, en face au suivant, passer la barrière, et prendre à gauche sur le pont qui enjambe les voies ferrées. Aller à droite le long de la haie, sur le chemin. Au bout, prendre à gauche, rue Saint Ernest, et après 50 mètres, à droite, rue du Gros Hêtre. Partir sur la gauche pour longer le bois. Rester sur le chemin principal, jusqu'à traverser la D21. Prendre à gauche au carrefour suivant, puis le deuxième single à droite, toujours sur le GR. Arriver sur le chemin : prendre à gauche, à droite, et à nouveau à gauche. Au carrefour, aller à droite, et suivre le GR, jusqu'à la départementale.

(6 : 122 m – 28,5 km) Traverser la D10, rouler sur le GR, et aboutir sur un large carrefour : prendre en face. 100 mètres plus loin, prendre à gauche sur le sentier (fin du GR). Au

bout, prendre à droite, puis à gauche, pour retrouver le GR. Rester sur le même chemin, sans s'occuper des sentiers qui partent à droite et à gauche. Au niveau de l'arbre marquant la parcelle 122N, prendre à gauche, puis à droite aux deux croisements suivants, et enfin à gauche (fin du GR). Rester sur la Route de la Mare de France, jusqu'à traverser la D21. À l'intersection suivante, continuer en face sur le chemin herbeux. Traverser la Route de la Croisette, et prendre la sente à droite. Aboutir sur un large chemin : le suivre vers la droite, puis prendre à droite à la patte d'oie.

(7 : 115 m – 35,2 km – 9,5 km) Rejoindre la petite boucle. Prendre en face, Route des Princes, à gauche au deuxième pont, à droite au bout. Traverser la D471, puis à l'intersection, prendre à droite le sentier qui rentre dans le bois. Au bout, prendre à gauche,

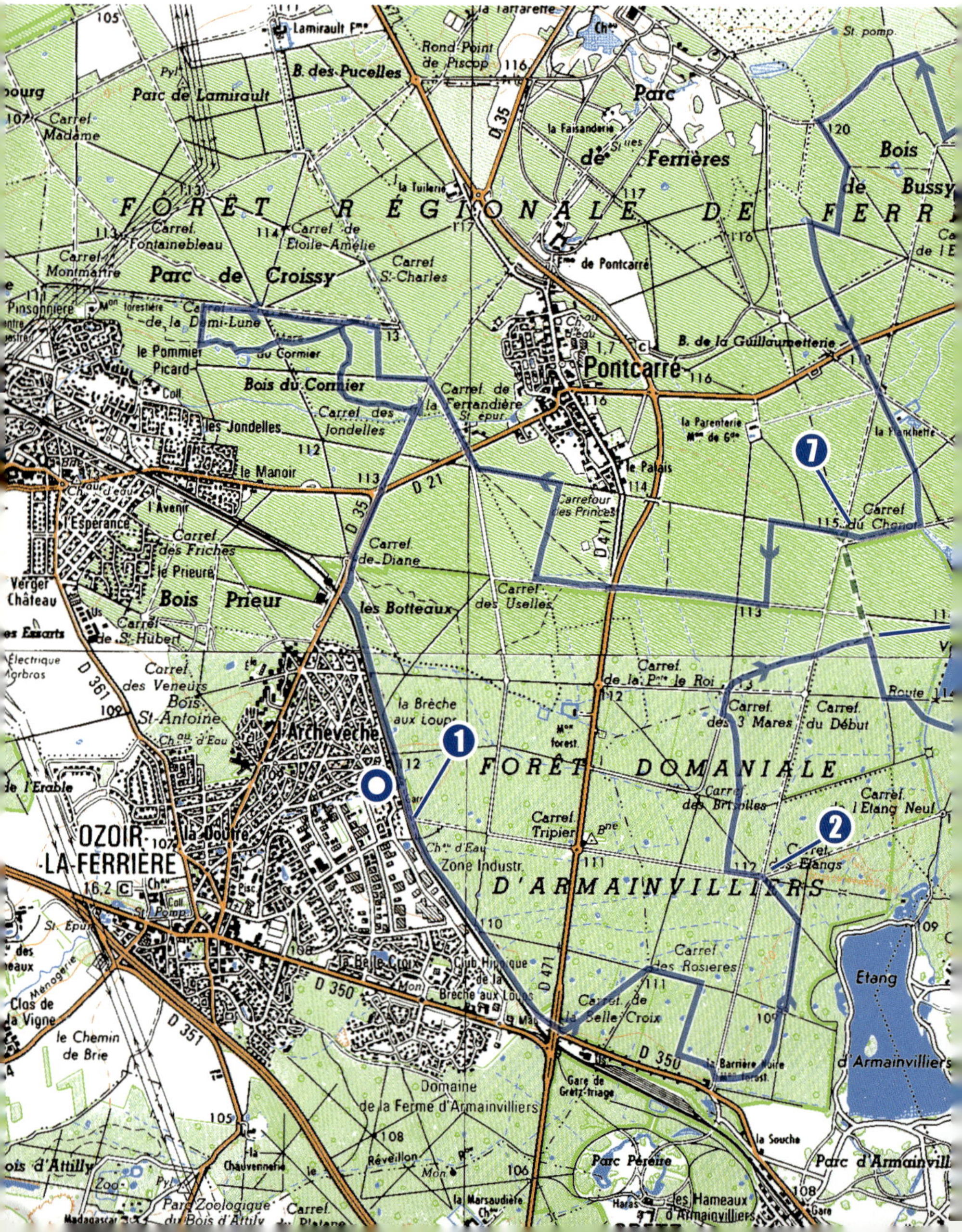

puis au croisement à droite. Traverser la D21, franchir la barrière. Poursuivre jusqu'au carrefour de la Ferranderie : prendre la deuxième route à droite, route de Roissy. Prendre la première à droite sur un chemin sablonneux, à gauche, puis à la patte d'oie, à droite. Prendre la deuxième à gauche, puis à nouveau à gauche sur le sentier du GR. Prendre à gauche à l'intersection, puis la troisième à droite sur la sente, toujours sur le GR. Traverser la route, et prendre à gauche à la fourche. Traverser le chemin, puis à prendre à droite. Rouler sur le même chemin, sans s'occuper des sentiers à droite et à gauche, jusqu'au rond-point : le traverser. Poursuivre sur la route, et prendre la deuxième à gauche, derrière la barrière en bois. Tout de suite derrière, emprunter la sente à droite. Elle sillonne et longe la voie ferrée. Traverser l'intersection, poursuivre à droite, puis à nouveau à droite. Passer sous la ligne RER et aboutir au parking de départ.

Respectez les autres usagers (piétons, chasseurs...), l'environnement et la propriété privée (cf p22)

35. LES PISTES DE ROISSY

V3

Distance **20 KM** D+/D- **160 M**
Durée **2H00** Difficulté **V3**

Voici un petit parcours à proximité des pistes de Roissy. Vous trouverez en fin de circuit la carrière du bois du Seigneur, permettant de nombreuses combinaisons pour les amateurs de freeride.

Itinéraire

(85 m) Départ parking de la gare de Goussainville. Prendre à gauche, rue Clément et Maurice Mathéron, puis la deuxième à droite, avenue Marcel Cerdan. Au rond-point, prendre à gauche, rue Jacques Anquetil, et en face au suivant. Au carrefour, continuer tout droit. Au rond-point, prendre la quatrième sortie sur la D47, et passer au-dessus de la ligne de chemin de fer.

(1 : 90 m - 1,1 km) Prendre la première à droite sur le chemin de terre, passer sous la ligne TGV, et virer à droite juste après. Le chemin descend, et aboutit sur un autre qu'il faut suivre vers la gauche. Au croisement, prendre à droite. 200 mètres plus loin, monter à droite sur le sentier balisé en jaune. Continuer tout droit aux carrefours suivants, sans se préoccuper des chemins à droite et à gauche. Atteindre une barrière métallique : la franchir et poursuivre vers la gauche. Remonter la rue sur 50 mètres, la traverser au passage piéton, et poursuivre vers le rond-point. Prendre la troisième sortie, direction Goussainville, en roulant sur la piste cyclable.

(2 : 71 m - 5,5 km) Lorsque la piste cyclable tourne à droite en descendant, un sentier se présente à droite en épingle : l'emprunter et monter. Prendre à gauche à la fourche, et à nouveau à gauche à l'intersection. En haut, la bute à droite offre un terrain de jeux sympathique pour ceux qui souhaitent faires quelques montées et descentes techniques. Descendre à gauche dans le bois sur le single, et virer à droite en épingle. Profiter d'une belle descente. En bas, prendre à droite, puis en face aux deux carrefours suivants. Le sentier dans le bois monte et longe une route. Lorsqu'ils se rejoignent, prendre à gauche en descente. Le single aboutit sur un chemin qu'il faut suivre sur la droite. Lorsque celui-ci tourne à gauche, partir à droite sur le single en montée. Après la descente et être passé entre les blocs de béton, monter à travers champs sur la droite. Franchir la bute de terre, et aboutir sur un chemin.

(3 : 80 m – 7,7 km) Au rond-point, prendre la deuxième sortie, direction Senlis, et direction Vaud'Herland au suivant. Entrer dans la commune. Juste après l'église, tourner à droite, chemin de l'Eglise, et à nouveau à droite derrière la barrière métallique, sur le sentier. À l'intersection, prendre à droite, à l'entrée du bois de Vaud'Herland, puis à gauche le single en montée. En haut, il sillonne à altitude constante, avant de descendre, et de rejoindre le chemin. Le suivre vers la droite. Au carrefour, monter en face, puis prendre à gauche en descente. Revenir à Vaud'Herland par le chemin de l'Eglise. Au carrefour, continuer en face, rue du Capitaine Girard, passer sous le pont et prendre la première à droite, en direction de la D317. En haut, avant la départementale, prendre le chemin de terre à gauche qui grimpe, puis à nouveau à gauche au croisement. Poursuivre tout droit, jusqu'à ce que le chemin devienne une rue. Au bout, prendre à droite, rue Berteaux, et à nouveau à droite, rue de Paris. Au stop, continuer en face, toujours rue de Paris, jusqu'à atteindre la D47. Partir à gauche vers le rond-point.

(4 : 62 m - 15 km) Au rond-point, prendre la première sortie, chemin du Thilley. Après les habitations, passer derrière les blocs de pierre à droite, et monter le chemin de droite. D'autres blocs sont placés en travers. En haut, virer à gauche sur le sentier sablonneux. Descendre, et prendre la deuxième à droite pour remonter. Poursuivre la montée sur la gauche à l'intersection, et redescendre. En bas, prendre le sentier qui monte sur la gauche. En haut, plusieurs chemins se présentent : partir sur celui de droite. Descendre, et continuer sur la première à gauche. Aux deux croisements suivants, prendre à droite, puis à gauche le single en montée. En haut de la bute, descendre le chemin de gauche. Au carrefour, prendre à droite, puis à nouveau à droite le long du grillage. Franchir les blocs de pierre, et rouler à droite, chemin du Thilley. Passer sous la ligne TGV, et continuer en face au croisement, le long des lignes électriques. À l'intersection, tourner à gauche, franchir le ru, et entrer dans le bois. À la sortie, franchir la barrière métallique. Aboutir sur une rue : la prendre à droite, puis au stop à gauche, rue Joseph Cugnot. Au rond-point, prendre à droite, avenue de la Gare, puis en face au suivant. Passer sous la ligne de RER. Au feu, prendre à gauche pour rejoindre le parking de départ.

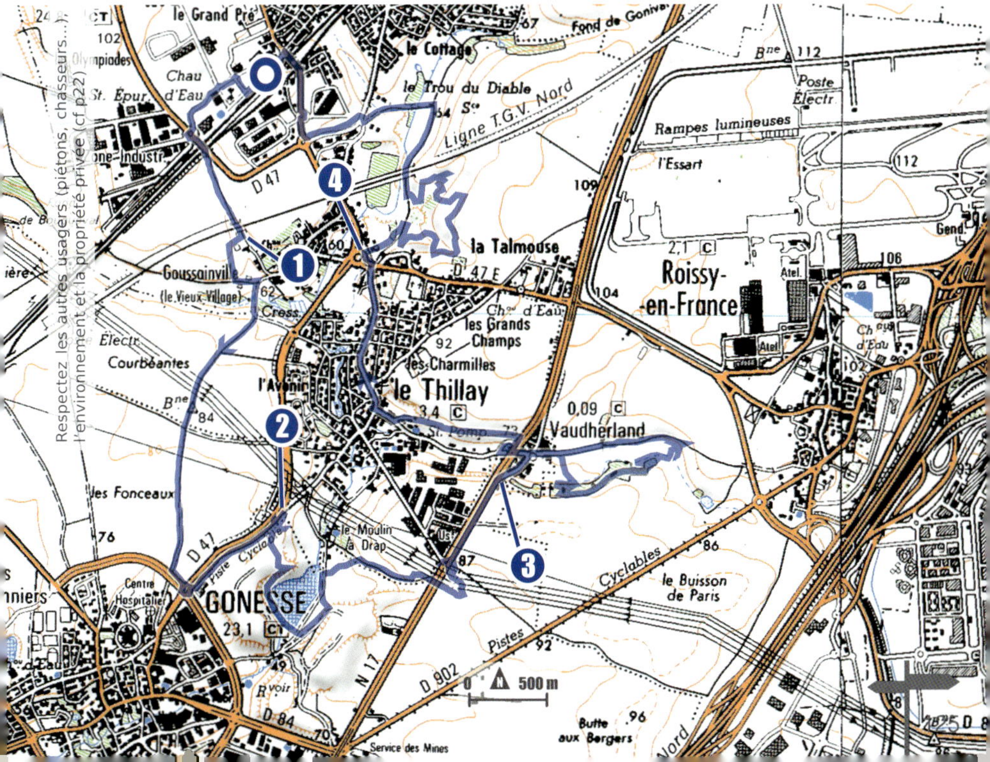

36. IL COURT, IL COURT L'AQUEDUC...

V3+

Distance **30 KM** D+/D- **210 M**
Durée **2H30** Difficulté **V3+**

Qu'on ne s'y trompe pas : le tracé à beau suivre l'aqueduc de la Dhuis, il n'en est pas moins jonché de montées et descentes qui peuvent se montrer pour certaines assez raides. Le parcours permet cependant de récupérer sur de larges chemins. Attention aux horaires, le départ et le retour se font dans un parc qui est fermé la nuit.

Itinéraire

(77 m) Départ du parking n°4 de la forêt de Bondy, boulevard Hardy, à Montfermeil. Au fond du parking, entrer dans le bois, puis prendre à gauche sur la sente. Au bout, prendre à nouveau à gauche, laisser le chemin à gauche, et continuer en face au croisement. Ne pas s'occuper de la sente à droite, traverser l'intersection pour longer les stands de tir à l'arc, puis prendre à droite en descente. Au large carrefour, prendre le deuxième chemin en partant de la gauche, en direction du parcours de golf. Poursuivre en face à l'intersection, puis prendre à gauche (balisage jaune et rouge). Au bout, prendre à droite, et tout de suite à gauche pour contourner le pré. Prendre la première à gauche sur la sente, à droite à l'intersection, longer le pré. Au bout, revenir sur le chemin à droite : le suivre vers la gauche. Prendre à droite à l'intersection, puis tout droit aux deux croisements. Longer l'aire de jeux, puis sortir du parc à gauche par la grille.

(1 : 112 m - 2,5 km) Traverser la route, puis se diriger à droite sur la large allée. Emprunter la sente à droite. Prendre à droite à la patte d'oie, laisser celle de gauche, puis à la fourche à gauche. Prendre la deuxième à gauche, à nouveau à gauche, puis à droite. Au croisement, prendre à gauche et tout droit jusqu'à l'allée. La suivre à droite, passer sous les lignes électriques, laisser le chemin à droite, et emprunter la sente juste après à droite, dans le bois. Elle descend et longe le chemin. En bas, à la fourche, prendre à droite. Rattraper le sentier, et le suivre vers la gauche. Il longe les habitations. Franchir la barrière en bois. Le chemin devient rue. Prendre la première à gauche en monter à travers champs. En haut, poursuivre derrière les blocs, et traverser la route.

(2 : 116 m - 4,5 km) Rouler sur le GR (balisage rouge et blanc). À la fourche, aller à gauche ou à droite à convenance : les deux chemins se suivent en parallèle. Franchir le croisement, et rouler sur le chemin jusqu'à la route. Descendre sur la quatrième sente à droite. En bas, suivre le chemin à gauche. A la fourche, prendre à nouveau à gauche en montée. Longer le bois, et passer dans le tunnel sous l'A104. Remonter à gauche

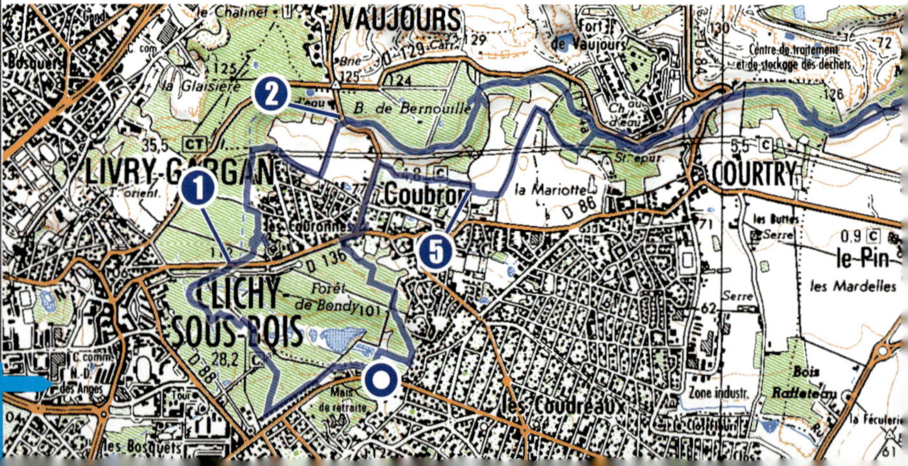

Patrimoine : *L'aqueduc de la Dhuis fut construit sous le Second Empire (Napoléon III) afin d'alimenter Paris en eau potable. Il traverse des vallées et franchit cent-trente-deux kilomètres presque à l'horizontale. Il permet d'apporter l'eau aux Parisiens, mais il sert également aujourd'hui à fournir en eau le parc Eurodisney et l'est de la région parisienne.*

derrière les barrières métalliques. Ne pas s'occuper des trois sentes à droite. Le chemin remonte, et longe les réservoirs. Franchir la route. Descendre, et remonter, puis pédaler jusqu'à la route suivante.

(3 : 114 m - 13,8 km) Traverser la D34, puis au croisement à la lisière du bois, tourner à gauche en descente sur la sente. En bas, aller à droite. Le chemin fait le tour de la butte. Longer le champ puis sur le chemin, aller à droite. Poursuivre à gauche à l'intersection, et prendre à droite au bout. Laisser le chemin de gauche, virer à droite au carrefour, puis entrer dans le bois en face. Monter la côte. En haut, aller à droite sur le GR, jusqu'à la route.

(4 : 114 m - 19,4 km) Traverser la route, continuer tout droit jusqu'à la suivante. La traverser, et descendre la butte. Prendre la sente à gauche. En bas, se diriger à droite le long du bois. Atteindre un chemin : le suivre vers la gauche. Laisser celui de droite pour continuer en face, et passer sous l'autoroute. Laisser la montée à droite, longer le bois, et à la fourche monter à droite. Prendre à gauche à l'intersection, toujours le long du bois en descente, puis monter la sente à droite. Atteindre un chemin en haut : rouler vers la gauche jusqu'à la route. La traverser, et prendre la deuxième sente à gauche en descente. En bas, rouler à droite pour suivre le chemin à travers champs. Tourner à droite derrière les blocs, puis franchir la barrière à gauche pour suivre le balisage jaune du PR.

(5 : 78 m - 26,9 km) Longer les vignes du Clos de Broon, laisser le chemin de gauche, et franchir la barrière. Suivre la route vers la gauche. Au stop, continuer tout droit. Au bout, prendre à droite (balisage rouge et blanc). Entrer dans le parc par la grille à gauche. Aller à gauche, passer le pont, puis poursuivre en face à l'intersection (fin du balisage rouge et blanc). Continuer tout droit au croisement, puis prendre la première à droite. À la patte d'oie, se diriger à droite, traverser le pont, et monter. Au bout, prendre à gauche, puis à droite au carrefour. Une large intersection se présente : prendre le troisième chemin en partant de la gauche. Traverser le croisement, tourner à droite à la fourche, à nouveau à droite, puis à gauche. Rouler tout droit à l'intersection, pour un retour au parking de départ

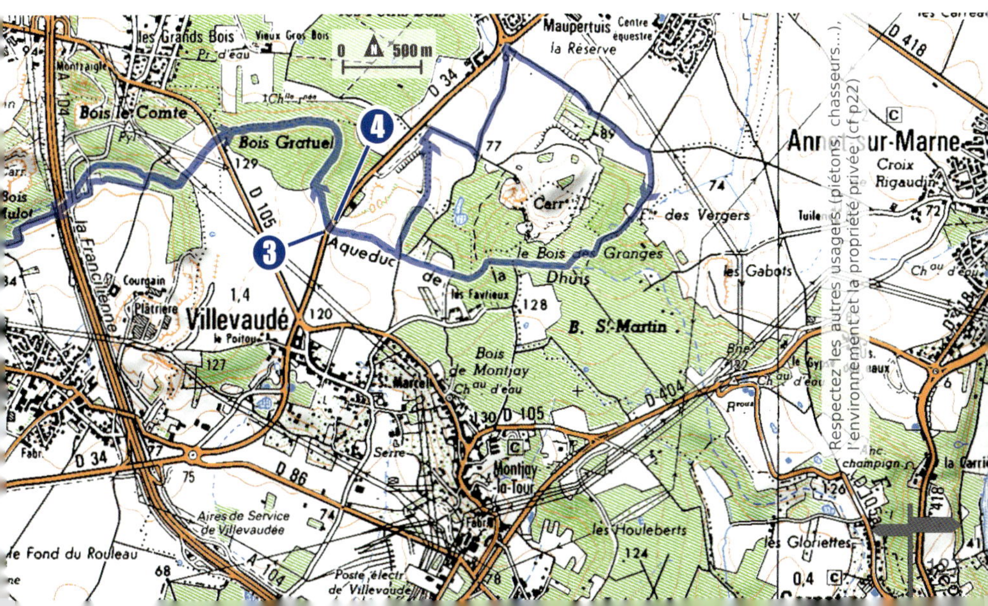

37. LA BOUCLE DE LA MARNE

V4

Distance **32 KM** D+/D- **300 M**
Durée **3H00** Difficulté **V4**

Vous souhaitez de la descente ? Soyez rassuré, il y en a ! Faciles pour certaines, techniques pour d'autres. Une boucle pour les amateurs de sensations. Ceux qui veulent rouler pourront coupler ce circuit avec le circuit au départ de Montfermeil. Vous parcourrez ainsi une soixantaine de kilomètres... N'oubliez pas casque et gourde !

Itinéraire

(119 m) Départ du parking au bout de la Grande rue, à Villevaudé, à proximité du rond-point. Prendre la première sortie de celui-ci, direction « Claye-Souilly ».

(1 : 114 m - 0,7 km) Prendre le chemin à droite, sur le GR (balisage rouge et blanc). Au croisement, descendre à gauche la sente, à l'orée du bois. En bas, aller à gauche pour longer la butte. Passer le fossé à droite et longer le champ. Au bout, prendre à droite sur le chemin, puis à gauche au croisement. Au bout, prendre à gauche, laisser le chemin de gauche, et prendre à droite à l'intersection. Entrer dans le bois en face, et monter le chemin. Bien rester sur celui-ci, à droite et à gauche se trouvent d'anciennes carrières. En haut, prendre à gauche sur le GR. Poursuivre tout droit, traverser le chemin, ainsi que la barrière. Monter. A la fourche, continuer à gauche, pour passer sous le pont. Aux trois croisements suivants, poursuivre en face, jusqu'à la route. Traverser celle-ci, puis prendre le sentier à gauche, en montée. Prendre la route à droite, jusqu'au croisement.

(2 : 123 m - 9,4 km) Descendre à gauche sur la sente après le banc, au travers du parc. À la route, prendre à gauche, puis tout de suite à droite. Poursuivre la descente. Plusieurs chemins sont possibles en fonction de l'agilité de chacun. Ces chemins ont été tracés par des amateurs de trial. Atteindre la Marne : la longer vers la droite. Remonter le troisième chemin à droite dans le bois. Au croisement, poursuivre en face pour longer le grillage. Le chemin remonte fort. Prendre la deuxième à gauche, toujours en montée. Se diriger à gauche à la fourche, laisser les deux chemins de droite, puis les deux de gauche. Descendre la sente à gauche dans la gorge. C'est le chemin le moins abrupte. Continuer en face au croisement, traverser le chemin. En bas, aller à droite, le long de la Marne. À la fourche, prendre à droite ou à gauche, puis à droite dans le bois. Le sentier grimpe. Le suivre à gauche, puis à nouveau à gauche au croisement. Prendre à droite ou à gauche à la patte d'oie, puis tout droit aux deux intersections. En haut, suivre le chemin vers la gauche. Traverser les deux intersections, passer la barrière, et à la sortie du bois, descendre à gauche. Aller à droite à la fourche, puis tout droit jusqu'à la barrière.

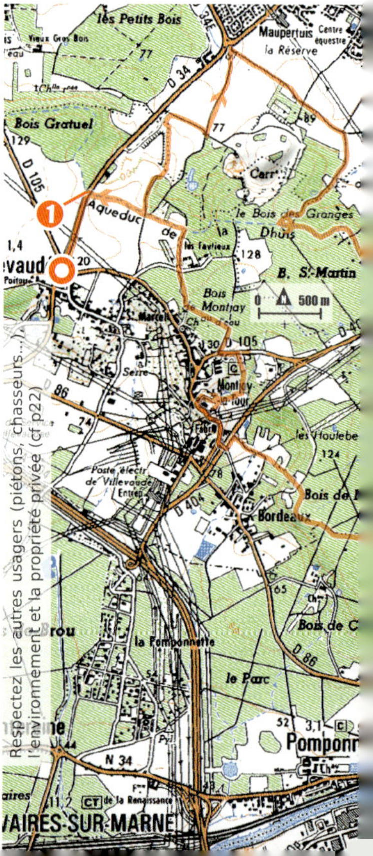

(3 : 52 m - 15,8 km) Avant la barrière, tourner à gauche, puis au bout, prendre à droite. Passer sous les deux ponts. Laisser le sentier de droite, et longer la Marne. Après les cours de tennis, monter la butte à droite, traverser le parking. A la route, se diriger à gauche. Au croisement, prendre à droite, puis à gauche, et au bout à droite. Passer sous la voie de chemin de fer, et monter le chemin caillouteux à droite. À la patte d'oie, tourner à gauche derrière la barrière. Laisser la sente à gauche, franchir le croisement, puis à la route, poursuivre en face. Traverser l'intersection, et aller à droite à la patte d'oie pour suivre l'aqueduc. Laisser le sentier à gauche, traverser la route, puis la suivante, et prendre à gauche le chemin caillouteux. Prendre la première à droite sur le sentier herbeux, le long des habitations, puis à gauche au carrefour. Au suivant, poursuivre en face, en descente sur l'aqueduc. Suivre la route à gauche. Au feu, prendre à droite, puis à gauche, rue des Pointes.

(4 : 91 m - 23,2 km) Continuer sur le chemin de terre en face, et poursuivre à travers champs. Prendre la deuxième à gauche. Après la barrière, monter à droite. Le chemin goudronné devient chemin de bois. Prendre le sentier en montée à gauche après les champs, derrière les poteaux en bois. Attention, il peut être glissant. Sortir du bois, passer au-dessus de la ligne TGV, puis à l'intersection, aller en face sur la sente en descente. Laisser la rue à gauche. Continuer sur le chemin en face qui remonte (balisage jaune). Celui-ci tourne à gauche, et longe la D409. Grimper la butte, et rouler à droite sur le pont. Prendre à droite, rue de la Tour, puis à droite sur la place St Christophe. Au fond, prendre à gauche, et emprunter le chemin à gauche. Après la barrière métallique, suivre le sentier, prendre à gauche au bout, puis à nouveau à gauche à la patte d'oie. Aller à gauche à la route. 200 mètres plus loin, prendre à droite dans le bois le long de la mare. Quitter le chemin pour le sentier à gauche. Au bout, prendre à droite, puis à gauche, puis à droite. Passer la barrière, traverser la route, et sortir du bois. Au croisement, prendre à gauche sur le GR. Atteindre la route : la monter à gauche. Au rond-point, prendre la troisième sortie, pour un retour au point de départ.

LA BRIE

Vaste plateau recouvert essentiellement de cultures céréalières et entrecoupé de bois et de vallées, la Brie se situe essentiellement en Seine-et-Marne. Le long de l'Yerres, de l'Almon, voire de la Seine, les sorties sont en règle générale assez roulantes, ne présentant que peu de difficultés. L'occasion de parcourir de longues distances et de profiter d'un patrimoine culturel riche en châteaux et autres demeures.

Dans ce VTOPO Ile-de-France Nord&Est, nous avons volontairement laissé de côté la forêt de Fontainebleau, largement traitée dans le VTOPO Ile-de-France Sud. Certains circuits peuvent se couple avec ceux de ce dernier guide pour multiplier les possibilités de balades.

38. AU COEUR DE ROUGEAU

V2-

Distance **18 KM** D+/D- **40 M**
Durée **1H30** Difficulté **V2-**

Sac à dos, pique-nique et gourde pour cette randonnée familiale. Une promenade facile, des chemins larges, quelques singles, des descentes et montées accessibles, voici le programme de cette sortie.

Itinéraire

(85 m) Départ du parking de la forêt de Rougeau, à Nandy. Au fond du parking, au milieu, prendre le chemin de terre qui entre dans le bois. Continuer tout droit aux quatre carrefours suivants, puis à gauche au cinquième. À la fourche, aller à droite. En arrivant sur le parking, prendre à droite, puis à gauche au carrefour, pour arriver au stop.

(1 : 85 m - 1,2 km) Traverser la D346, passer la barrière, et au carrefour, prendre le deuxième chemin en partant de la droite (entre les arbres 31 et 40). Prendre à gauche au suivant. Un nouveau carrefour se présente : suivre le troisième chemin en partant de la droite. Laisser le chemin de gauche, puis prendre le suivant à gauche, route forestière de Seine. Le chemin descend. Le suivre à droite à l'intersection, toujours en descente. Prendre à droite en bas, et remonter. Prendre à droite, puis à gauche le chemin de sable. En haut, faire un gauche/droite pour se retrouver sur un chemin de terre. Au bout, prendre à gauche. Franchir le pont, en face à l'intersection, puis à gauche à la patte d'oie. Traverser la place, et poursuivre en face au croisement (à droite de l'arbre 63). Tourner à gauche à la patte d'oie, piste du Pargoniot. À l'intersection suivante, prendre en face ou à droite indifféremment, les deux pistes se rejoignent un peu plus loin. Laisser la sente de gauche, et poursuivre en face. Passer la barrière, rouler tout droit sur la route. 200 mètres plus loin, prendre la sente à gauche (balisage jaune et rouge du GR). Au bout, prendre à droite sur la route, puis à nouveau à droite derrière la barrière. Prendre à droite à l'intersection pour suivre le GR (balisage rouge et blanc). Profiter d'une belle descente, et atteindre la barrière.

(2 : 45 m - 7,4 km) Derrière la barrière, tourner à droite, Grande Rue, puis à nouveau à droite, direction « Corbeil-Essonnes ». Continuer tout droit au croisement (à gauche de la mairie), puis tout droit jusqu'à ce que la rue devienne un chemin de terre. Le chemin se sépare en deux, en face il devient single, à gauche il continue en chemin : prendre à gauche. Au bout, remonter le chemin sur la droite. Traverser la route, prendre la sente à droite des ateliers municipaux, et longer le grillage. Aboutir sur un chemin plus large : le suivre en face. Prendre la troisième à gauche (balisage jaune et rouge), puis en face à l'intersection, sur la sente en longeant le grillage. Passer la barrière métallique, et prendre à droite à la rue. Traverser la D446. Au hameau, prendre à droite. La rue devient chemin derrière une barrière.

(3 : 88 m - 13,3 km) Passer devant le château d'eau, et en arrivant à hauteur du bois, prendre la sente à droite qui y pénètre. Aller à gauche, en face au croisement, puis à gauche à la patte d'oie. Rouler en face à l'embranchement, puis au bout tourner à droite. Franchir le pont, aller à gauche, puis à nouveau à gauche (balisage jaune du PR). A la sortie du bois, suivre le chemin sur la droite. Passer la barrière en bois, et virer à gauche. Au stop, tourner à droite. Juste avant le mur, sur la droite, emprunter la sente qui rentre dans le bois. Au croisement, prendre à droite un large chemin.

Passer les trois croisements suivants, et au quatrième faire un droite/gauche sur le chemin sablonneux (à gauche de l'arbre marqué n°178). À la fourche, prendre à gauche sur la sente, puis en face aux deux intersections. Au bout, prendre à droite sur le chemin qui mène au parking de départ.

Patrimoine : *Cette forêt aujourd'hui régionale dépendait au Moyen-Age de la Commanderie des Templiers de Savigny. La forêt fut ensuite aménagée au XVIIIème siècle pour les chasses royales de Louis XV et Louis XVI. A la Révolution, ce bien devient national, puis sera vendu en 1819 à la famille Clary. Les feuillus se mélangent aux résineux et l'on peut y observer chevreuils, sangliers et renards.*

39. BOISSY SAINT LÉGER

V2

Distance **21 KM** D+/D- **10 M**
Durée **1H30** Difficulté **V2**

Cette boucle, qui fait le tour de la forêt de Notre Dame, est une petite boucle agréable, facile d'accès, à parcourir en famille. Vous pourrez profiter de larges chemins et de quelques singles. Attention quand même : en cas de pluie, le terrain devient vite boueux.

Itinéraire

(98 m) Départ depuis le parking, rue de Marolles, à Boissy-Saint-Léger. Au fond du parking, prendre à droite, et emprunter la sente qui sillonne à travers les arbres. En arrivant au carrefour, prendre le quatrième chemin en partant de la droite. Poursuivre en face au croisement, puis au croisement suivant, prendre le deuxième sentier en partant de la gauche. Au bout, aboutir sur une rue : la suivre vers la droite, et traverser la route.

(1 : 100 m - 1,3 km) Passer la barrière, et poursuivre chemin du Vieux Colombs. Suivre la deuxième sente à gauche. Au bout, aller à droite. Prendre à gauche sur la sente, puis à droite. Au croisement du Parc aux Boeufs, suivre le large chemin à gauche. Un large chemin sablonneux se présente à gauche : le suivre. Aller en face au carrefour, sur la sente, puis au bout à gauche, sur le chemin, et prendre la première à droite. Traverser le chemin, prendre à droite à la patte d'oie. Prendre la deuxième à droite, et en face aux deux croisements suivants. Prendre à droite sur le chemin, puis la sente à gauche. Au carrefour, prendre le troisième sentier en partant de la droite (à gauche de l'arbre marqué du panneau « route forestière de St Nicolas »). Prendre à droite à la patte d'oie, puis à gauche. Arriver sur un chemin : le suivre vers la droite. Au carrefour, prendre à droite, puis au croisement, suivre le deuxième sentier en partant de la gauche. Traverser le chemin, puis au croisement, prendre la deuxième en partant de la gauche. Prendre en face à l'intersection, traverser le chemin, poursuivre jusqu'au croisement suivant.

(2 : 103 m - 8,9 km) Aller à droite sur le chemin, puis prendre le sentier à gauche, puis à droite sur la sente (balisage rouge et blanc du GR). Elle sillonne, et aboutit sur un chemin : faire un gauche/droite, puis à nouveau un gauche/droite pour suivre le GR. Au croisement, aller à droite toujours sur le GR, et à gauche au suivant. Atteindre un chemin : le suivre vers la droite, puis prendre la sente à gauche. À la fourche, aller à droite. Arriver sur un chemin : le suivre vers la gauche, et prendre tout de suite à droite (balisage jaune du PR). Prendre la sente à droite (balisage jaune), à gauche à la patte d'oie, puis à droite à la suivante. Suivre le chemin sur la gauche, poursuivre en face à l'intersection, laisser le chemin à gauche. Arriver sur une place : aller chercher le sentier en face à gauche. Continuer en face à l'intersection, puis au bout, prendre à droite. Aux deux croisements suivants, continuer en face, et prendre à gauche à la patte d'oie. Aboutir sur une route : aller à droite vers le haras.

(3 : 101 m - 12,6 km) Face au haras, prendre le chemin à gauche qui longe le mur. Aux trois carrefours suivants, continuer tout droit. Laisser la sente à droite. Arriver sur un chemin : se diriger à droite. Tourner à gauche sur la sente, prendre à droite à la fourche, puis à gauche à la suivante, et à nouveau à droite. Au bout, se diriger à gauche, poursuivre en face à l'intersection, et prendre à gauche au croisement, sous les lignes électriques. Virer à droite devant le château d'eau, et rouler tout droit aux deux carrefours suivants. Prendre à droite, puis la deuxième à gauche. Traverser le sentier, puis aboutir sur un chemin : le suivre vers la droite. Laisser le sentier de gauche, et au bout, aller à droite. Traverser le chemin, prendre la sente à gauche (balisage rouge et blanc du GR), poursuivre en face les trois fois suivantes, puis prendre à gauche sur le chemin. À la fourche, aller à droite, puis à nouveau à droite. Traverser la route, aller en face derrière la barrière en bois, puis à gauche à la fourche. Prendre la première à gauche sur le pont, laisser le sentier à droite, puis prendre la piste cyclable vers la droite. Rouler tout droit jusqu'au parking de départ.

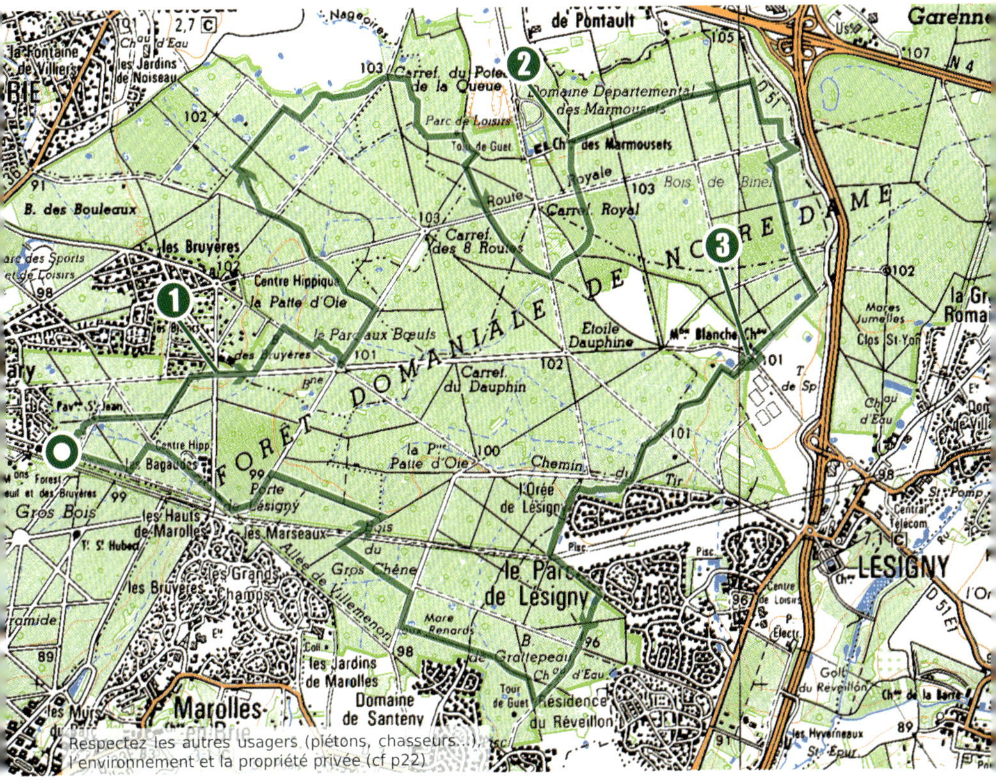

Respectez les autres usagers (piétons, chasseurs...), l'environnement et la propriété privée (cf p22)

La glacière : *Le domaine des Marmousets, en périphérie de la forêt de Notre-Dame, a été doté d'une grotte glacière au XVIIIe siècle. Cet équipement était alors très en vogue et faisait office de réfrigérateur dans les grands domaines.*
La neige et la glace des mares et des douves étaient entreposées en couches dans ces glacières. Elles étaient mises au contact de vapeur d'eau bouillante et le processus de condensation se trouvait accéléré : la vapeur se transformant en solide comblait les espaces de façon à former une masse compacte. Les glacières permettaient donc de confectionner des glaces et des sorbets, mais aussi de conserver, pendant les chaleurs de l'été, les provisions et les fruits

40. LES BORDS D'YERRES

V2

Distance **32 KM** D+/D- **120 M**
Durée **3H00** Difficulté **V2**

Le long de l'Yerres, vous ferez une randonnée agréable, facile d'accès. Idéale pour une sortie pique-nique en famille, pendant laquelle vous profiterez du cours d'eau et des jolis points de vue qu'il offre.

Itinéraire

(94 m) Départ du parking du Stade Léo Lagrange, avenue Jean Rostand. À la sortie du parking, prendre à droite, avenue de la Grange. Aller à droite sur le chemin derrière les pierres. Devant la barrière en bois, se diriger à gauche, sur la sente.

(1 : 90 m – 0,3 km) Poursuivre en face au croisement, puis prendre à gauche. Arriver sur le chemin qui longe le cimetière : poursuivre vers la droite. Au carrefour, monter sur la gauche sur le chemin principal. Ne pas s'occuper des chemins à droite et à gauche. En haut, aller à gauche, pour continuer de monter. Laisser le chemin de droite, poursuivre en face en laissant les escaliers à gauche, et descendre. Aller jusqu'à l'orée du bois. Plusieurs chemins sont possibles pour la descente, en fonction de son niveau de pratique. En bas, monter vers la gauche, et franchir les trois carrefours suivants. Aboutir sur un chemin plus large : prendre à droite. 100 mètres plus loin, prendre la sente à gauche. Au croisement, aller sur le deuxième sentier en partant de la gauche. Laisser celui de droite, et au chemin, faire un droite/gauche pour continuer sur le single. Aller à droite à la patte d'oie, puis à gauche à la suivante. Franchir le chemin, et prendre la première à gauche. Sortir du bois, le longer sur une centaine de mètres, avant d'y rentrer à nouveau. A la sortie du bois, aboutir le long des voies de chemins de fer : les suivre ver la droite. Passer sous la route, prendre le pont qui enjambe la ligne TGV, puis juste après, tourner à droite sur la sente. Franchir les deux croisements suivants, prendre à droite à la patte d'oie, puis en face à l'intersection. Passer derrière le gros chêne pour continuer tout droit. Prendre à gauche aux deux intersections suivantes, traverser le chemin, puis au suivant, aller à droite, pour sortir du bois.

(2 : 91 m – 7 km) A la sortie du bois, se diriger vers la gauche, et poursuivre sur la piste cyclable. Traverser la rue, puis le chemin, et franchir la rue suivante. Monter sur la droite, passer les blocs, et aller à gauche sur la rue, pour franchir le carrefour. Derrière les nouveaux blocs qui se présentent, descendre le chemin. Croiser le carrefour. La piste cyclable devient sentier en entrant dans le bois. Au croisement, prendre à droite, puis à gauche. Continuer de rouler sur la droite à l'intersection, puis à gauche. Laisser le chemin de droite, passer devant l'ancienne gare de Mandres, franchir la barrière en bois et la D33E. Tourner à droite à l'intersection, passer la chaîne, aller à gauche, à droite, puis à gauche. Rouler tout droit jusqu'à la route, en longeant les serres : la traverser, et rouler rue de Servan (balisage jaune du GR). Sur la place, se diriger vers la droite, à gauche, puis tout droit. Rouler entre les maisons derrière la barrière métallique, ruelle des Clos (il ne s'agit pas d'une cour privée). Le chemin poursuit au fond de la place. À la fin de la ruelle, descendre à droite, puis poursuivre en face, rue de la chaussée de l'étang. Traverser le carrefour, passer les jardinières, et juste après, prendre à droite. Descendre le sentier à droite dans le bois (balisage jaune), et prendre à droite à nouveau vers les escaliers. Attention, la descente peut être difficile.

(3 : 43 m – 15,4 km) En bas, rouler à droite pour longer l'Yerres. Monter à droite, puis à gauche deux fois. Au bout du chemin, descendre sur la gauche, rue du Moulin Neuf, puis à

droite, rue de la Croix Rouge. Prendre la deuxième à gauche en descente, et au bout à droite. Au feu, prendre à droite. 100 mètres plus loin, prendre à gauche dans le parc. Descendre la sente le long du mur sur la gauche, passer le croisement, et longer la rivière. Poursuivre tout droit pour remonter. Le chemin devient rue goudronnée. Faire 50 mètres, et tourner à gauche sur le chemin. Poursuivre en face à l'intersection, puis prendre à droite à la suivante. Franchir le pont, virer à gauche, et passer sous le pont routier. Prendre le pont piéton à gauche, puis partir sur la droite. Passer sous le pont, et poursuivre tout droit. Rouler sur la sente à droite. Au niveau du pont, prendre à gauche, et à droite pour se retrouver sur le chemin principal. Continuer de longer l'Yerres vers la droite. Prendre le single à droite. Au bout, traverser le carrefour, et laisser le chemin à droite. Franchir le croisement, prendre la première à gauche, et passer sous le pont de chemin de fer.

(4 : 42 m – 23 km) Après le pont, prendre à droite, puis à gauche. La sente remonte vers la gauche et aboutit au-dessus d'un pont. Traverser la route, redescendre de l'autre côté, puis prendre à gauche. Prendre à nouveau à gauche pour longer la rivière. Emprunter le single à gauche entre les mares, franchir la butte, et poursuivre à gauche, à travers le parc. Longer la route à droite. Au feu, prendre à droite sur le pont, puis à gauche. Passer la barrière, prendre la première à droite, puis la première à gauche, et traverser le croisement. Passer sous la voie de chemin de fer sur le petit pont, et se diriger à droite. Derrière la barrière métallique, prendre en face au rond-point, et monter sur la piste cyclable. Au feu, prendre à droite, à gauche à la patte d'oie, rue du Réveillon, passer sous les arches, puis prendre en face l'ouverture dans le mur. Tourner la première à droite, longer le ru, puis prendre la quatrième à gauche. Monter tout de suite à droite, prendre à gauche, puis à droite derrière la barrière métallique. Poursuivre la montée jusqu'à la place. Prendre à gauche, en face au croisement, et traverser la rue.

(5 : 90 m – 28,5 km) Aller à gauche à l'intersection, franchir la rue. À la sortie du bois, se diriger à droite, longer le château d'eau, puis prendre tout de suite à droite. Un single se présente sur la gauche : l'emprunter, et le suivre le long du grillage. Passer les trois intersections, puis au bout, prendre à gauche pour continuer de longer le grillage. Au croisement, prendre à gauche, et tout droit jusqu'à sortir du bois. Aller à droite, rue Royale, traverser la rue, puis prendre à droite, pour un retour au parking de départ sur la gauche.

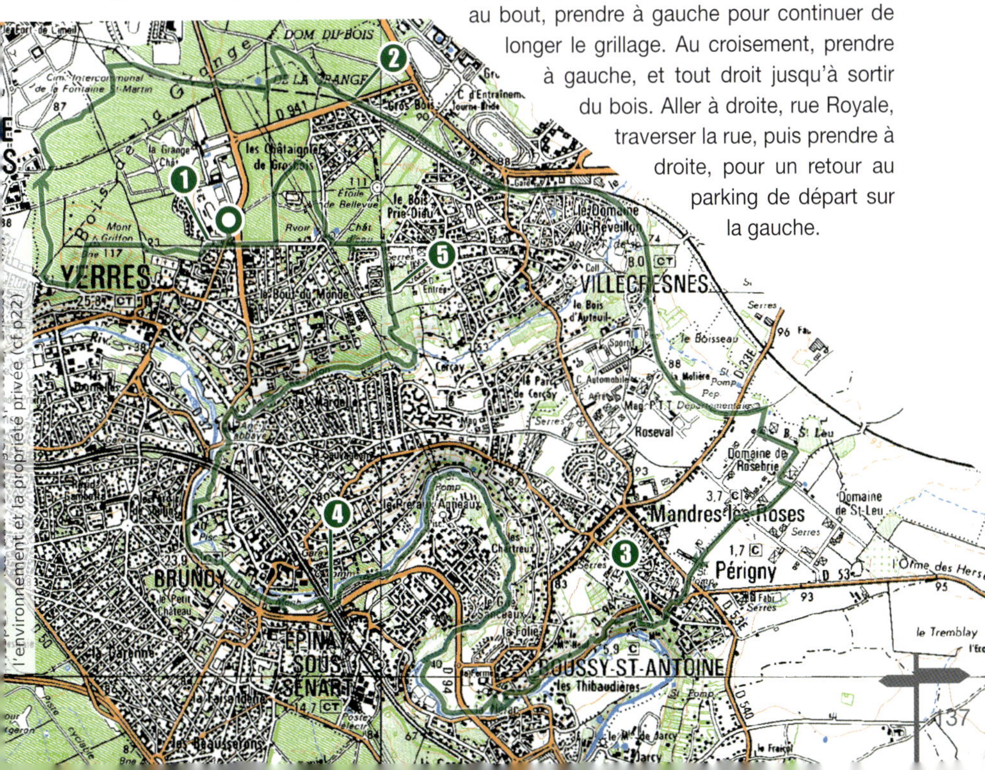

l'environnement et la propriété privée (cf. p22)

41. LES RUS

V2

Distance **24 KM** D+/D- **80 M**
Durée **1H45** Difficulté **V2**

Voici une sortie sans difficulté, très agréable, que l'on peut faire en famille. Le château de Blandy, la Faisanderie d'Aunoy, la commune de St-Mery sont, entre autres, les quelques sites à découvrir. Les chemins sont roulants, même s'ils peuvent être boueux.

Itinéraire

(85 m) Départ du parking de l'église, à Blandy-les-Tours. Suivre le balisage jaune du chemin de randonnée dans la ruelle, entre les maisons. Traverser le champ, passer le pont, et continuer en face dans le bois.

(1 : 67 m – 0,5 km) Le sentier grimpe. A la patte d'oie, prendre à droite, puis la deuxième à droite. Laisser le premier chemin à gauche, et prendre le suivant. A la sortie du bois, aller sur la droite, et passer devant la maison. Au carrefour, poursuivre en face. Sur la gauche se situe l'ancienne faisanderie d'Aunoy. Au stop, descendre à droite. Passer le ru d'Ancœuil, monter, laisser la route de droite, et à la sortie du hameau, continuer tout droit sur le chemin agricole. Ne pas s'occuper des deux chemins venant de la droite. Rattraper le GR (balisage rouge et blanc). Prendre à gauche sur le chemin de terre, puis à la fourche, descendre à gauche dans le bois. Passer devant la chapelle Notre Dame de Roiblay. Franchir le pont, et monter en face. À la sortie du bois, longer celui-ci puis tourner à gauche, en descente. En bas, virer à droite, puis à nouveau à droite, et arriver sur la route.

(2 : 75 m – 5,5 km) Monter celle-ci, et partir sur le chemin à gauche. Atteindre la route : la suivre sur la gauche puis, au niveau des habitations, prendre la sente à droite (balisage jaune). Elle suit le ru de la Prée. Traverser le chemin, et poursuivre jusqu'au village de Saint Méry. Atteindre la route : partir à droite en montée. Au carrefour, prendre à gauche vers l'église, puis derrière celle-ci, rue du Moulin des Voies. Au bout, la rue devient un chemin. Laisser celui de gauche, prendre en face (croix jaune), franchir la barrière, et monter à droite. Au stop, aller à droite. 50 mètres plus loin, prendre à gauche pour rouler à travers champs. Aux deux croisements suivants, poursuivre en face, puis, lorsque le chemin rejoint la route, suivre cette dernière tout droit. Après 100 mètres, lorsque la route tourne à gauche, virer à droite sur le chemin agricole. Passer à côté de l'étang, franchir l'intersection, puis prendre sur la droite, et juste après à gauche, chemin de la Croix Saint Germain. Juste avant le sous-bois, prendre à droite, emprunter le chemin de terre à droite, à nouveau à droite, puis à gauche à l'intersection.

(3 : 100 m – 13 km) Remonter la D57 vers la gauche sur une centaine de mètres, puis aller à droite sur le chemin le long du mur. Passer devant l'étang d'Auneux. A la fin du mur, prendre à droite. Au bout, prendre à droite de nouveau. Arriver devant la grille du Château de Bombon : suivre la route à droite, pour rentrer dans la commune. A la patte d'oie, prendre à gauche, rue de Forest, puis à gauche au croisement, rue du Charnois. Continuer en face sur le chemin, laisser les deux sentiers à droite et le chemin de gauche pour poursuivre à travers champs, et rejoindre un chemin caillouteux. Le remonter à droite, puis prendre à gauche sur le chemin de terre. Après le bosquet

sur la gauche, prendre le chemin de terre en épingle à cheveux à gauche en descente. Franchir la barrière sur le deuxième chemin à gauche dans le bois. Franchir le pont, et aller sur la droite. Suivre le ru d'Ancœur jusqu'à la route.

(4 : 80 m – 16,4 km) Monter la route à gauche, et tourner à droite derrière la barrière, pour continuer sur le chemin. Sortir du bois, et le longer. À l'intersection, prendre à gauche, puis à nouveau à gauche sur le chemin. Aboutir sur un nouveau chemin : le suivre vers la droite. A la patte d'oie, prendre à nouveau à droite. Poursuivre en face aux deux intersections suivantes. Le chemin devient rue. Au croisement, aller en face, ne pas s'occuper des deux chemins venant de la gauche, puis poursuivre tout droit à l'intersection suivante. Au stop, prendre sur la droite, puis à gauche à l'embranchement, pour un retour au parking de départ.

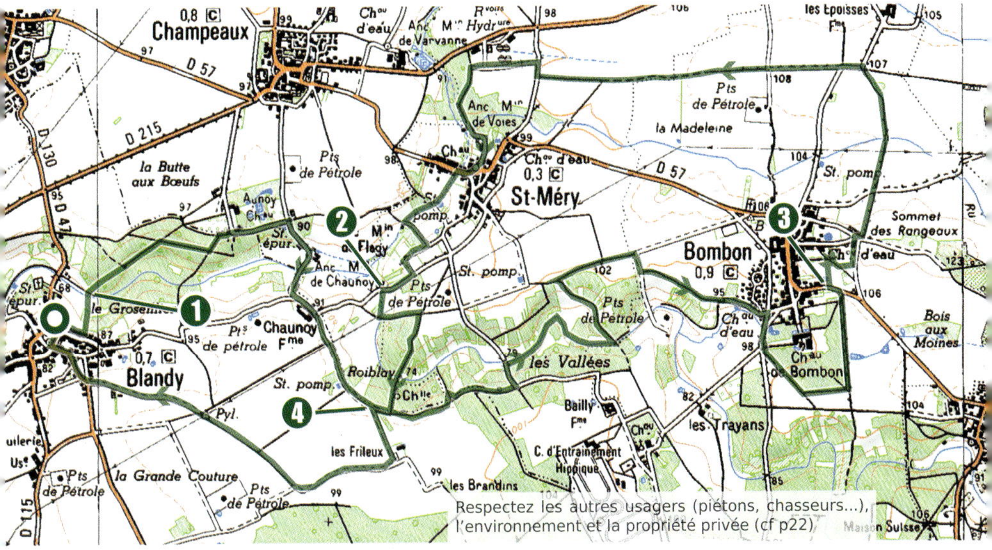

Patrimoine : *Le château fort de Blandy-les-Tours est l'un des derniers témoins de l'architecture militaire médiévale d'Île-de-France. Construit au XIIIème siècle, il a traversé l'histoire pour être à tour de rôle manoir, château fort, château résidentiel puis simple ferme, avant de tomber en ruines. Depuis, le Conseil Général a œuvré pour sa restauration. Il accueille tout au long de l'année une programmation artistique et culturelle destinée à un large public.*

42. C'EST BOMBON

V2

Distance **17 KM** D+/D- **50 M**
Durée **1H30** Difficulté **V2**

Comme les bonbons, c'est à manger sans fin et en famille. Une jolie boucle dans les bois de Bombon, qui peut être couplé au parcours « À Villefermoy », pour un plaisir prolongé.

Itinéraire

(96 m) Départ du parking de la place Charles de Gaulle, à la Chapelle Gauthier. Au feu, prendre en face, rue de la Poterie. Au stop, prendre à gauche, puis tout de suite en face, rue de Villefermoy.

(1 : 103 m – 0,590 km) Lorsque la route tourne à gauche, poursuivre en face sur le chemin à travers champs. Il descend puis remonte pour longer le bois. Au croisement, poursuivre en face sur le chemin communal (balisage jaune du GR), entre les haies. Au bout, tourner à droite sur le chemin caillouteux, puis à gauche avant la barrière. Le chemin devient alors terreux et descend dans le bois. Laisser la sente à droite, et sortir du bois. En bas, le chemin remonte en face après le pont. En haut, aller à droite, puis à la patte d'oie à gauche. 50 mètres plus loin, après avoir vu la tour de Villefermoy, faire demi-tour et poursuivre tout droit pour arriver sur la D29 : la traverser, puis emprunter le chemin à droite avant la grille. Le chemin devient rue. Emprunter la première à gauche, puis au bout, suivre l'allée entre les maisons. Au bout, prendre à gauche, et à droite au stop. Suivre l'avenue R. Leclerc à gauche (balisage jaune), puis prendre à nouveau à gauche, rue de Grignon.

(2 : 112 m – 6,2 km) La rue devient chemin. Longer le bois, laisser le chemin à droite, poursuivre en face au croisement (à droite et à gauche, les chemins sont fermés par des barrières). Emprunter la première à droite, prendre à gauche à la route, puis après 50 mètres, à droite. Suivre la rue du Chemin Creux à droite, et continuer tout droit. La ruelle devient chemin, descend, traverse le ruisseau, et remonte dans le bois. Prendre la troisième à gauche (balisage jaune), puis à droite au croisement, pour poursuivre tout droit.

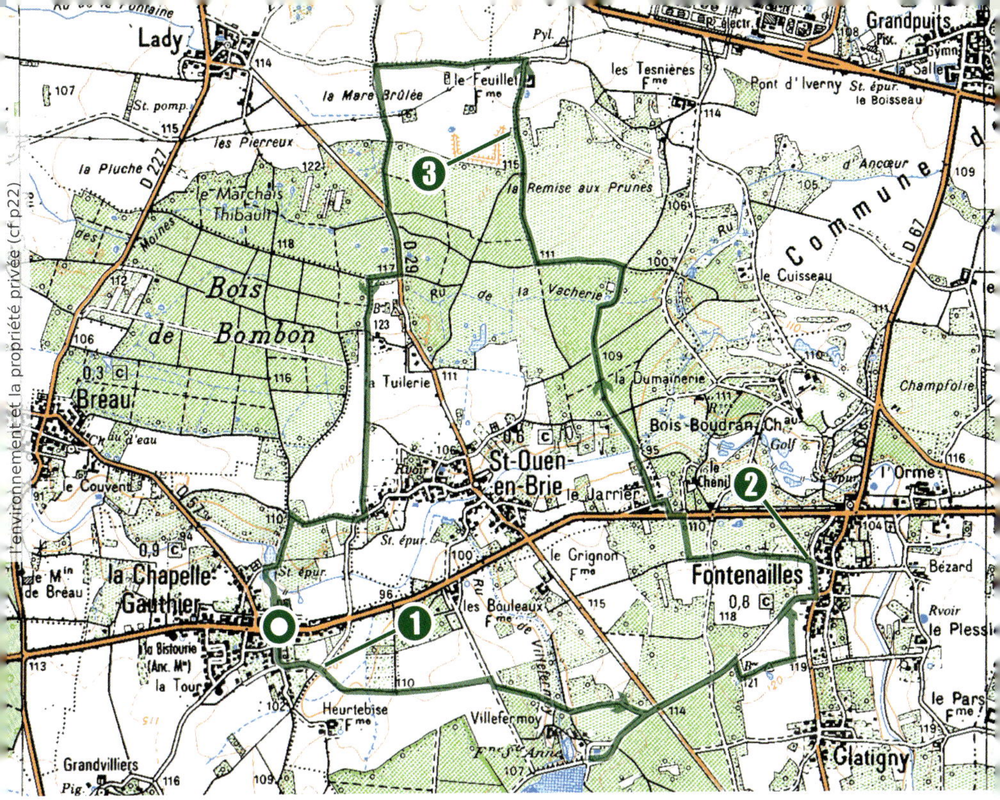

l'environnement et la propriété privée (cf p22)

(3 : 120 m – 10,9 km) En sortie de bois, longer la ferme et à l'intersection, suivre le chemin à gauche. Prendre à nouveau à gauche à l'intersection, en direction du bois. Poursuivre en face au croisement, pour entrer dans le bois, puis en face jusqu'à la route : la suivre vers la gauche. Laisser le premier chemin à droite, et prendre le suivant derrière la barrière métallique (balisage jaune). À l'intersection, aller à gauche, et sortir du bois. Laisser le chemin venant de gauche, et traverser les champs. Ne pas s'occuper des deux chemins suivants venant de la gauche. Atteindre la rue : la prendre vers la droite, puis après 30 mètres lorsqu'elle tourne à gauche, poursuivre en face sur le chemin. Poursuivre à gauche sur la belle descente, jusqu'à atteindre l'étang. Franchir le pont à droite, puis aller à gauche vers l'aire de jeux. Passer sous le porche, pour revenir au point de départ.

Monument : *La tour carré, au sein de la forêt et au pied de l'étang, permettait de défendre le chemin menant au pont de Samois. S'y élevait un moulin où les Samoisiens étaient contraints de faire moudre leur grain sous peine de «coups, confiscation et amende».*

43. LE LONG DE L'YERRES

V2

Distance **33 KM** D+/D- **120 M**
Durée **2H15** Difficulté **V2**

Promenons-nous dans les prés... au fil de l'eau. Une sortie très agréable, sans difficulté particulière, qui conviendra aux familles. Cette boucle peut être allongée avec le parcours « De Verneuil à Argentière », avec un peu plus de dénivelé, mais tout aussi roulant.

Itinéraire

(108 m) Départ de la gare de Mormant. Laisser la gare sur la gauche, et se diriger vers le stop. Prendre à droite, puis tout droit au feu. Tourner à gauche, rue du Moulin, laisser les deux rues à droite, et franchir la passerelle au-dessus de la voie de chemin de fer.

(1 : 115 m – 0,9 km) En passant la voie de chemin de fer, la rue devient chemin. Au croisement, aller à droite, puis au suivant tout droit, sous les lignes électriques. Prendre à nouveau à droite à l'intersection suivante, et laisser la haie à main gauche. Traverser la route, pour continuer sur le chemin agricole. Laisser la rue qui se présente à gauche, puis à la route, se diriger vers la gauche. Après 50 mètres, prendre le chemin à droite. Au bout, continuer à nouveau à droite. Au croisement, poursuivre en face, rue de la Ferme. La rue devient chemin. Entrer dans le village, tourner à gauche à l'intersection, puis à la sortie de l'agglomération, emprunter le chemin à gauche. Atteindre le hameau : poursuivre à gauche, puis à droite sur la route. Laisser le chemin à gauche, passer le pont, puis en haut de la montée, prendre à droite. Tourner à gauche, rue des Tilleuls. Au bout, continuer à gauche sur le chemin, puis à nouveau à gauche derrière la barrière en bois, le long de la haie.

(2 : 109 m – 10,1 km) Au croisement, rouler à gauche sur le chemin herbeux, traverser la route, et poursuivre sur le chemin rural. Atteindre la route : la suivre vers la droite. Elle remonte. En haut, emprunter le chemin de terre sur la droite. En bas de la descente, franchir le pont, laisser le chemin à droite, remonter, et poursuivre tout droit jusqu'au bout. Prendre à gauche, puis à droite sur le chemin agricole. Au bout, tourner à droite, puis prendre la première à gauche. Au stop, descendre à gauche, rue du Prieuré. Au croisement, poursuivre en face sur le chemin caillouteux balisé en jaune, chemin du Moulin Aubert.

(3 : 90 m – 14,5 km) Poursuivre à gauche entre les haies d'arbres. Monter le chemin à droite, puis à gauche au croisement, et à droite. Traverser la rue, et rouler, chemin du Rossignol. La rue devient chemin herbeux et descend. Franchir le pont au-dessus de l'Yerres, remonter, et continuer à gauche à l'embranchement. Au bout du chemin, prendre la route à gauche, puis à droite dans le bois à l'intersection. Le chemin se divise en deux pour se rejoindre un peu plus loin. Longer le bois, et remonter à droite à l'intersection. Passer la barrière, continuer sur la rue, puis prendre la première à droite. Lorsque la rue tourne à gauche, aller sur le chemin agricole à droite. Au bout, à l'orée du bois, se diriger à gauche, et le longer. Rouler tout droit, jusqu'à atteindre la ferme. Au croisement, suivre la route à gauche, puis prendre à droite, rue du Cordeau, direction « Chaume ». Après la zone artisanale, dans le bois à gauche, franchir la barrière pour rejoindre le chemin de randonné balisé en jaune.

(4 : 98 m – 23,7 km) Après avoir franchi la barrière, prendre le chemin de gauche, en descente. Laisser le chemin de droite, sortir du bois, et prendre à gauche pour y rentrer à nouveau (balisage jaune du PR). Sortir du bois, laisser les deux sentiers à gauche. Le chemin tourne à droite, puis à gauche sous les lignes électriques. Au bout, aller à gauche, puis à droite, rue du Pont Neuf. Laisser la rue à gauche, franchir le pont au-dessus de l'Yerres. Traverser la départementale, et monter sur le chemin en face. Prendre la troisième à droite. Suivre la route vers la gauche, puis prendre à droite, rue du Jour. Dans le virage, suivre le chemin à droite à travers champs. Prendre à droite à la route, puis à gauche, chemin du Grand Bois. Au bout, prendre à gauche puis la première à droite après la ferme. Tourner à gauche le long du mur. Au croisement, poursuivre à droite, puis à nouveau à droite. Passer le pont au-dessus des voies ferrées. Prendre la deuxième à droite sur la route principale, continuer en face au feu, puis prendre à gauche, pour un retour au point de départ.

44. À VILLEFERMOY

V2

Distance	**19 KM**	D+/D-	**30 M**
Durée	**1H30**	Difficulté	**V2**

Après avoir profité du circuit au départ de Blandy-les-Tours, prolongez dans l'est le plaisir de rouler dans la région en parcourant la forêt domaniale de Villefermoy. Beaucoup de bois du secteur sont privés, empêchant le passage. Malgré tout, la sortie est agréable et emprunte quelques passages sympathiques.

Itinéraire

(94 m) Départ du parking, place Charles de Gaulle, à la Chapelle-Gauthier. Au feu, monter la rue de la Poterie, en face. Au stop, prendre à gauche, puis tout de suite à droite, rue de l'Heurtebise.

(1 : 102 m – 0,65 km) Au croisement, suivre le chemin de terre à droite, puis suivre le suivant à gauche. Longer le bois sur 50 mètres, laisser le chemin à gauche, pour se diriger vers le bois. À l'orée de celui-ci, suivre le balisage jaune du GR, à gauche. Continuer à droite à la fourche, puis à nouveau à droite à l'intersection. Au croisement, suivre le chemin à gauche pour arriver au croisement du Daim. Rouler alors en face (fin du balisage). En bas, face à la grille, emprunter la sente à droite.

(2 : 109 m – 3,4 km) La sente longe l'étang de Villefermoy. Au carrefour du Débouché, suivre le chemin en face, puis prendre à gauche, route du Ru Guérin. Prendre à droite au carrefour du Chevreuil, puis à gauche au carrefour du Cerf. Franchir la barrière en bois, puis prendre à droite jusqu'à la route : la suivre vers la gauche. Franchir le pont, puis après 30 mètres, tourner à droite derrière la barrière. Rouler en face à l'intersec-

tion, pour continuer sur le chemin de terre. Au bout, suivre le chemin caillouteux à droite, passer la barrière, et avant la route départementale, aller à gauche sur le chemin de terre. Traverser la route, puis prendre à droite au croisement.

(3 : 123 m – 11,9 km) Arriver au carrefour des Huit Routes : emprunter le chemin à droite de la maison forestière. Rouler à gauche à l'intersection, pour arriver carrefour du Lièvre. Au croisement suivant, suivre le deuxième sentier en partant de la droite. Poursuivre en face à l'intersection, puis à gauche sur le single entre les arbres marqués 128 et 129. Au bout, aller à droite, puis en face. Traverser le parking tout droit, pour sortir du bois. Le longer sur la gauche, et arriver sur un chemin agricole : le suivre vers la droite. Traverser les champs, et prendre la première gauche rue de l'Heurtebise. Au croisement, continuer en face, puis à nouveau en face au feu, pour un retour au point de départ.

Patrimoine : *L'aqueduc de la Dhuis fut construit sous le Second Empire (Napoléon III) afin d'alimenter Paris en eau potable. Il traverse des vallées et franchit cent-trente-deux kilomètres presque à l'horizontal. Il permet d'apporter l'eau aux Parisiens, mais il sert également aujourd'hui à fournir en eau le parc Eurodisney et l'est de la région parisienne.*

45. LA FORÊT DE NOTRE DAME

V2+

Distance	**28 KM**	D+/D-	**20 M**
Durée	**2H00**	Difficulté	**V2+**

Au programme de cette sortie : de la forêt ! Pas de difficultés particulières en raison de son peu de dénivelé. En revanche, le parcours peut devenir physique si le terrain est humide.

Itinéraire

(92 m) Départ du parking du stade de l'Amitié, voie des Vaches, à Santeny. Aller vers la D3. Au feu, la traverser, et continuer derrière la barrière (balisage jaune du PR). Arriver sur une rue : la suivre vers la droite, puis aller à gauche sur le chemin, et descendre. Au stop, poursuivre en face, avenue du Général Leclerc. Passer le pont et entrer dans le parc à gauche. À la fourche, se diriger à gauche. Laisser le chemin de droite, puis à la rue, tourner à gauche. Passer la barrière à droite pour se diriger vers l'étang de Servan. Le contourner par la gauche, passer sur le pont, et continuer à travers champs. Traverser le bois. A la sortie, après la barrière, remonter la route vers la gauche. Au croisement, continuer en face sur le chemin agricole. Au bout, entrer dans le bois. Traverser la rue pour continuer derrière la barrière.

(1 : 89 m - 4 km) Tourner à droite à la patte d'oie, prendre la sente à gauche. Au bout, arriver sur un chemin : le suivre vers la gauche. Laisser le chemin de gauche, puis au carrefour, aller à droite. Prendre la deuxième à gauche sur le sentier, puis au croisement, la première à gauche. Prendre la deuxième à droite, en face au croisement pour traverser le chemin, et à gauche à l'intersection. Continuer en face aux deux intersections suivantes, puis se diriger à droite sur le large chemin. Prendre la première à droite au croisement, puis au suivant le deuxième chemin en partant de la droite. Prendre à gauche à l'intersection. Au bout, aboutir sur un chemin : aller à droite. Prendre le premier chemin à gauche, puis tout de suite à droite sur la sente. Au croisement, prendre à droite, puis le chemin à gauche. Tourner à droite à l'intersection, et continuer tout droit, jusqu'au bout du chemin.

(2 : 100 m - 9 km) Passer la barrière, et poursuivre vers la gauche. Au feu, prendre à gauche, puis au rond-point prendre la deuxième sortie, rue de la Croix. Aller à gauche, rue de Villarceaux. Franchir le croisement, puis poursuivre en face au rond-point. Après le cimetière, prendre à gauche, et lorsque la rue tourne à droite, continuer à gauche sur le chemin dans le bois. Aller à droite à la fourche, puis prendre la première à droite. Sortir du bois, et continuer sous les lignes à haute tension. Prendre la troisième à gauche, sur la sente. Laisser le chemin de gauche, poursuivre en face au croisement, puis prendre à gauche. Continuer en face aux deux intersections, et à la suivante, aller à droite. Aboutir sur un large chemin : le suivre vers la gauche. Traverser le pont, et laisser le chemin à droite.

(3 : 104 m - 14,4 km) Au croisement, se diriger sur la sente en face (à gauche de l'arbre avec le panneau « Route Royale »). Suivre le balisage jaune du PR. À la patte d'oie, prendre à gauche, puis à droite devant le banc. Suivre le balisage, jusqu'à aboutir sur un chemin plus large. Aller à gauche, passer devant l'étang, et au croisement, prendre à droite (fin du balisage). A l'intersection, prendre à droite. Traverser le chemin pour rouler en face, et poursuivre à nouveau en face à l'intersection (balisage rouge et blanc du GR). Prendre à gauche sur le chemin. Au bout, faire un gauche/droite, toujours en suivant le GR. Faire un nouveau gauche/droite, et au bout, prendre à gauche. À l'intersection,

prendre à droite, puis à gauche à la suivante. Poursuivre en face au croisement (fin du balisage). Au large carrefour, choisir le deuxième sentier en partant de la gauche. Emprunter le chemin à droite, poursuivre en face au croisement, puis prendre à droite à la patte d'oie. Traverser le chemin. Au croisement suivant, franchir le chemin pour poursuivre sur la sente en face. Prendre tout droit à l'intersection, puis à gauche à la fourche. Arriver sur un chemin : le suivre vers la droite.

(4 : 104 m - 21,1 km) Au carrefour, poursuivre en face. Prendre le premier sentier à gauche, puis la troisième à gauche. Laisser le sentier venant de gauche, puis celui venant de droite. À l'intersection, aller en face. Prendre à droite à la patte d'oie, puis arriver sur un chemin : le suivre vers la gauche. Prendre la deuxième sente à droite (au pied de l'arbre N°56). Aller à droite au croisement, puis tout droit jusqu'au bout du chemin. Virer alors à gauche, et au carrefour, prendre la sente à droite de l'arbre N°94. À l'intersection, prendre à droite (balisage rouge et jaune), puis la deuxième à gauche. Laisser la sente à droite. Prendre à droite à l'intersection suivante, puis à gauche. Au bout du chemin, tourner à droite, laisser le chemin de gauche. Au bout, arriver sur un chemin : le suivre vers la gauche. Laisser les différents sentiers à gauche et à droite, et continuer jusqu'à un large carrefour en lisière de bois : poursuivre alors en face, passer la barrière en bois et continuer en face sur la rue. Au bout, prendre à droite, puis lorsque la rue tourne à gauche, aller en face sur le sentier. Prendre à droite devant le grillage du stade, sur le chemin herbeux, et au bout, à gauche, pour un retour au point de départ.

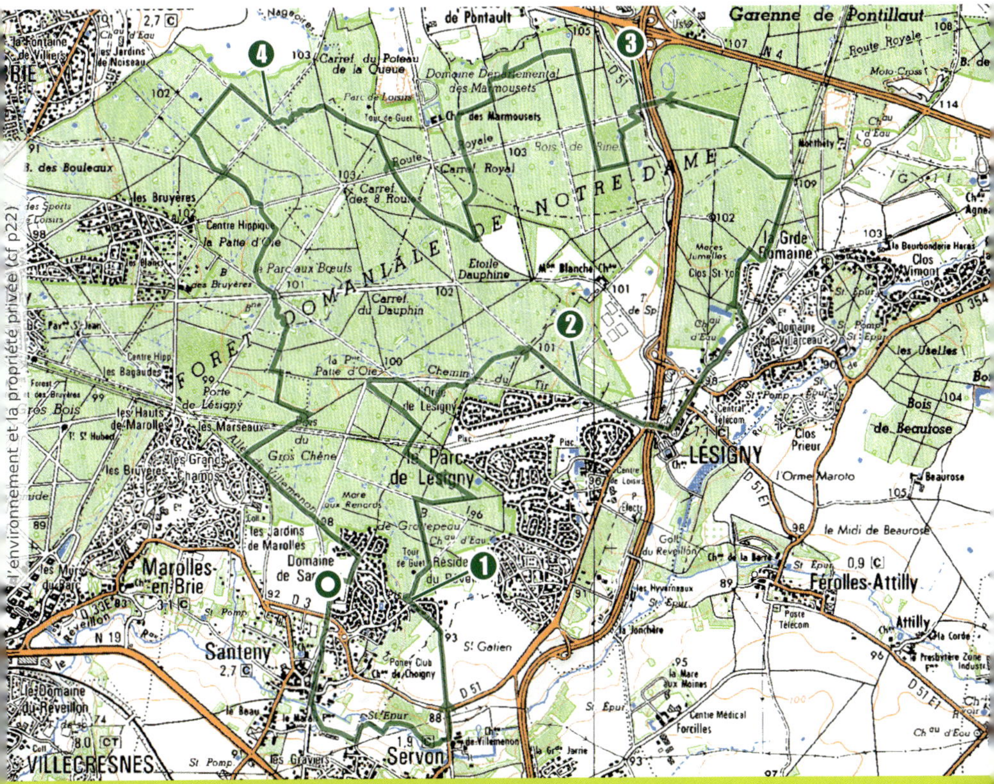

l'environnement et la propriété privée (cf p22)

Le centre départemental de modélisme : *À proximité du château des Marmousets, ce centre offre aux usagers de modèles réduits la possibilité de faire évoluer leurs engins dans des conditions optimales de sécurité.*

46. DE VERNEUIL À ARGENTIERE

V2+

Distance **22 KM** D+/D- **100 M**
Durée **1H45** Difficulté **V2+**

Voici une petite boucle facile d'accès, qui permettra une sortie familiale. Les montées et descentes, sur des chemins roulants, offriront une approche ludique pour les moins expérimentés. Ceux qui souhaitent faire plus de kilomètres n'hésiteront pas à enchainer avec le circuit « Le long de l'Yerres ». Au final, une sortie adaptable à tous les rouleurs.

Itinéraire

(95 m) Départ de la gare de Verneuil l'Étang. Dos à la gare, partir à droite. Laisser les deux rues à gauche, celle de droite, et la nouvelle rue qui se présente à gauche. Au croisement, se diriger en face, sur le GR balisé en rouge et blanc. Prendre à gauche, rue Arthur Chaussy, et en face au stop. Poursuivre tout droit aux deux croisements, puis au troisième, à nouveau en face sur le chemin de terre (balisage rouge et blanc du GR)

(1 : 100 m – 1,1 km) Rouler tout droit en longeant le bois sans s'occuper des sentes qui y rentre. À l'intersection, monter à droite. A la suivante, prendre en face (fin du balisage rouge et blanc). Descendre le chemin, laisser les deux chemins venant de la gauche, et franchir le pont. Atteindre la route : la traverser. Au croisement, prendre à droite. Poursuivre en face à l'intersection, puis à nouveau en face en arrivant à la route. Poursuivre tout droit jusqu'à la route. Tourner à droite, puis tout de suite à gauche. Laisser le chemin à gauche, entrer dans le bois, puis virer à gauche pour descendre, et atteindre le chemin qui longe la rivière.

(2 : 77 m – 5,1 km) Suivre le cours d'eau vers la gauche et entrer dans Argentières. Tourner à droite, rue du Pressoir, encore une fois à droite, rue Saint-Bon, et une nouvelle fois à droite. Laisser la rue de gauche, passer le pont, et prendre tout de suite à droite, pour longer l'Yerres. Le chemin s'éloigne du bord de l'eau et longe le bois. Ne pas s'occuper

du sentier à gauche, puis entrer dans le bois. Rester sur le chemin principal, balisé en jaune, qui tourne à gauche. Monter, et laisser les deux chemins venant de la gauche. En haut, prendre à gauche derrière la barrière pour rejoindre la route.

(3 : 98 m - 8,3 km) Suivre la route vers la gauche, laisser celle de gauche, puis celle de droite. 50 mètres plus loin, emprunter le sentier à gauche. À l'intersection, poursuivre en face. Atteindre la route : la suivre vers la gauche. Prendre à gauche à la fourche, chemin des Plantes. Passer derrière les blocs, longer le bois, puis prendre la deuxième à gauche, pour entrer dans le bois. Au croisement, poursuivre en face, puis prendre à droite. Poursuivre tout droit à l'intersection, sortir du bois, et atteindre la route. Franchir le carrefour et rouler, rue Nicolet. Avant le pont, monter prendre à droite, puis à gauche, pour rejoindre l'ancienne voie de chemin de fer. La suivre à droite, puis traverser la route derrière la barrière et le parking. Continuer sur la voie ferrée, passer sous le pont, puis monter la butte à droite. À la route, prendre à gauche, et à nouveau à gauche au stop. Poursuivre en face aux deux intersections. Au bout de la route, poursuivre derrière la chaine sur le chemin herbeux. Au bout, tourner à gauche, puis à droite au stop. Après 100 mètres, prendre le chemin à gauche, le long des sapins.

(4 : 101 m - 13 km) Au croisement, prendre à gauche (balisage rouge et blanc du GR). Le chemin peut être boueux. Ce dernier devient rue. Au bout, prendre à gauche, puis à droite à la fourche, rue Pasteur (balisage jaune du PR). Au stop, tourner à droite, chemin de Brejon. Le chemin descend. Ne pas s'occuper du chemin de gauche, franchir le pont, et remonter. Continuer en face à l'intersection, puis au bout, suivre la route à gauche. Prendre la première à droite sur le chemin de terre. Au bout, aller à gauche sur la route, puis tout de suite à droite, route de Maurevert. Virer sur la première à droite, au niveau de la croix sur le chemin. Il entre dans le bois. Franchir la barrière, la route, et la seconde barrière. Poursuivre à droite à la fourche, et descendre. Le chemin franchit le pont, et remonte. Ne pas s'occuper de la rue à gauche. En haut, tourner à gauche. Traverser la route, pour longer la hêtraie. Prendre à droite sur le chemin. À la route, prendre à gauche, puis au stop, à droite, rue de la Gare, pour un retour au point de départ.

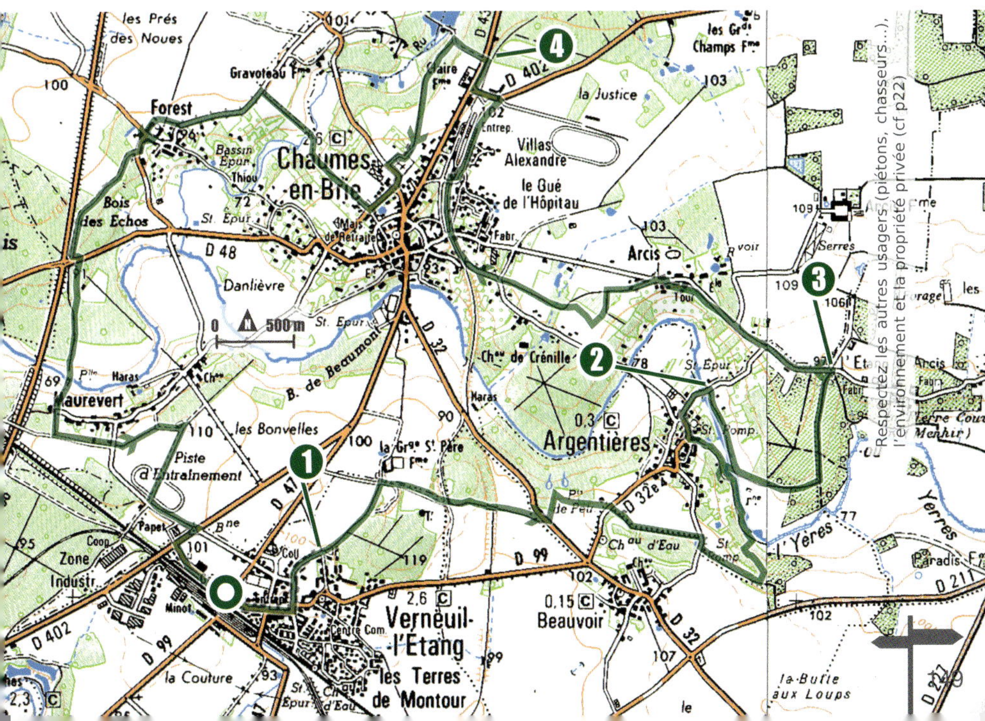

47. AU FIL DES EAUX

V3

Distance **29 KM** D+/D- **120 M**
Durée **2H30** Difficulté **V3**

Un joli circuit qui vous emmène le long de la Marsange, de l'Yerres et du Bréon. Attention, le parcours peut devenir difficile s'il y a eu de mauvaises conditions météo- voire impossible pour le passage du gué en début de sortie.

Itinéraire

(96 m) Départ devant l'église d'Ozouer Le Voulgis, rue de la République. Face à l'église, partir à gauche, rue de Courquétaine à gauche, puis à droite, chemin de Tourman. Laisser les deux rues à droite, et poursuivre, jusqu'à ce que la rue devienne chemin.

(1 : 94 m - 1 km) Laisser le chemin à droite, puis après le bosquet, descendre sur la droite et passer sous le pont. Franchir le gué et monter dans le bois. En sortir, puis aboutir sur un chemin : le suivre vers la droite, en descente. Passer le pont, remonter, et franchir les voies ferrées. Tourner à gauche, puis continuer tout droit en longeant les voies. Monter à droite devant le ruisseau, franchir le pont, et longer le ruisseau. Arrivé à la route, prendre à droite. 200 mètres plus loin, avant le pont, prendre à gauche. Traverser le pont qui enjambe l'Yerres, continuer en face vers le bois, et y entrer. Rouler tout droit sur le chemin de terre qui monte, ne pas s'occuper des chemins à droite et à gauche. En haut, aboutir sur le chemin principal : prendre à gauche. Suivre la sente qui se présente à gauche, 300 mètres plus loin. Au bout, prendre à droite, au croisement à gauche, puis à nouveau à droite. Traverser la place, laisser le chemin venant de la droite, et franchir le pont à gauche au-dessus des voies de chemin de fer. Passer celui qui enjambe la N36, puis descendre à gauche (balisage jaune du GR). Continuer tout droit, franchir le pont au-dessus de l'Yerres. Remonter dans le bois, continuer tout droit jusqu'à la D48 : la traverser, et rouler jusqu'à la rue.

(2 : 98 m - 9,8 km) En arrivant à la rue, aller à gauche. Au bout, prendre à droite, Grande Rue. Laisser le chemin à droite, puis celui à gauche, et poursuivre tout droit, chemin du Gué de Thion. Descendre en face, jusqu'à atteindre le ru de Bréon : le franchir, et remonter. Au croisement, poursuivre tout droit, puis prendre à gauche sur le chemin herbeux (balisage jaune) entre les grillages. Traverser la rue, continuer sur la sente, et aller à gauche au bout. Prendre à droite, rue de la Poterne, puis à gauche, avenue Aristide Briand, jusqu'au stop. Rouler en face, boulevard des Barres, puis à nouveau tout droit au suivant. Au croisement, prendre la rue en cul-de-sac. 50 mètres plus loin, aller à gauche, chemin de la Brèche des Vignes. Rouler entre les grillages. Attention, descendre du vélo pour le franchir le ru, le passage est étroit. Au bout de la sente, aller à droite sur le chemin. Passer sur le pont, et franchir la barrière métallique. Croiser la Départementale, longer le bois, avant d'y entrer sur la gauche. Suivre la sente, laisser celle de droite, et à la sortie du bois, aller à droite. Prendre la deuxième à gauche, longer le bois, puis y entrer à gauche à la patte d'oie. Continuer tout droit aux différentes intersections, jusqu'à longer la barrière. Prendre la deuxième à droite, le long de l'aire de jeux. Avant la grille, prendre à droite dans la palissade, et traverser le parc jusqu'au feu. Aller à droite, puis au rond-point à droite, et tout de suite à gauche vers le kiosque, Mail du Souvenir. Tourner à droite, puis à gauche, rue Édouard Vaillant, à gauche, rue Jules Guesde, et traverser le carrefour. Passer le pont au-dessus de la voie de chemin de fer. Tourner à gauche, puis à droite, et laisser le chemin de gauche.

(3 : 89 m - 17,9 km) Prendre à gauche sur le chemin, puis à nouveau à gauche à la route, pour longer le mur. Au stop, aller à droite, puis tout droit jusqu'à la nationale. Prendre le chemin agricole en face à droite, puis la deuxième à droite. Traverser la route, poursuivre en face au croisement, puis à droite devant les habitations. Traverser la N36, prendre à gauche, et en face au croisement. Aller à droite à l'intersection suivante. Croiser la D619, puis continuer en face au croisement.

(4 : 97 m - 24,9 km) Au bout du chemin, après avoir longé le stade de foot, prendre à gauche, puis tout de suite à droite derrière les barrières en bois. Prendre la deuxième à gauche, puis au bout, à nouveau à gauche. Descendre, franchir le pont, et remonter. En haut, prendre le chemin à droite, et en face à l'intersection. Au bout, aller à gauche, puis en face au stop. Continuer tout droit, pour un retour au point de départ.

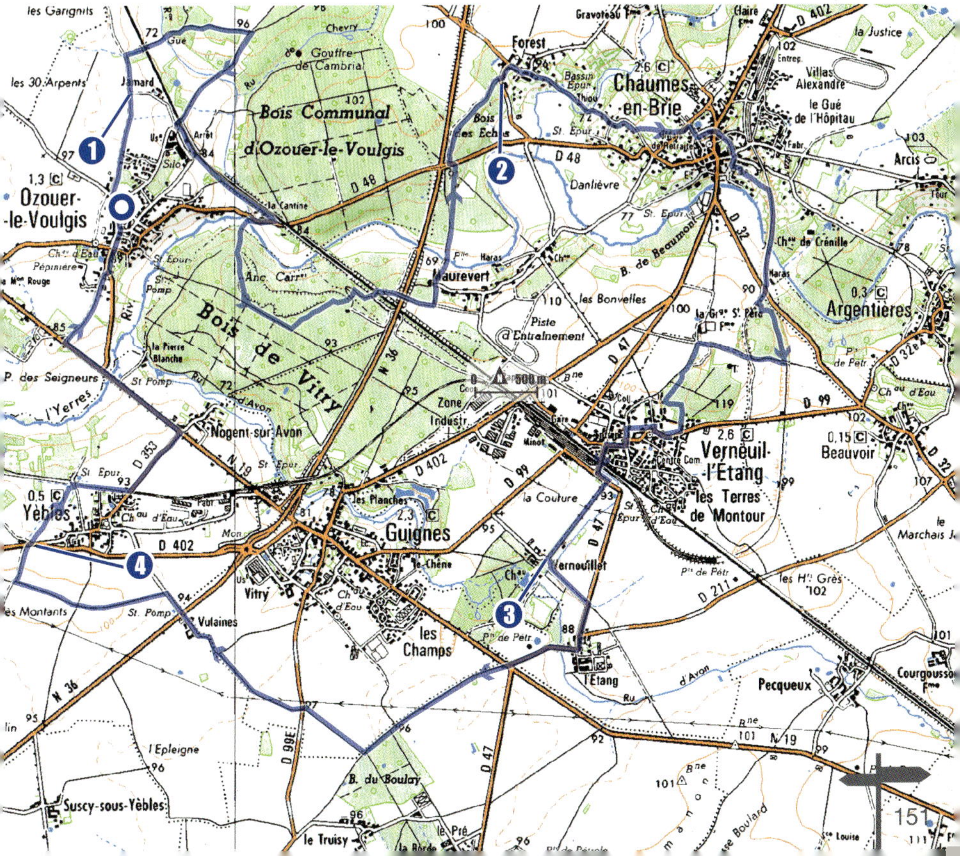

WWW.VTOPO.FR

Accès direct à la librairie VTOPO en **scannant ce tag**

Sur www.vtopo.fr :
Retrouvez toutes les infos de la collection VTOPO
Participez au site VTOPO
Postez et consultez les commentaires des circuits
Retrouvez des images et des vidéos des circuits VTOPO
Accédez à nos offres d'emploi
Commandez vos VTOPO

LES COLLECTIONS VTOPO

Les éditions VTOPO vous proposent toutes sortes de livres et de guides : topo-guides escalade et VTT, guides de voyage, beaux livres... Nos ouvrages se retrouvent dans les librairies, les points presse, les magasins de sport, la grande distribution et sur www.vtopo.fr

Achevé d'imprimer en juin 2013 en France
Dépôt légal : juillet 2013